ブルデュー社会学で読み解く

# 現代文化

片岡　栄美
村井　重樹
［編著］

晃洋書房

# は じ め に

　本書は，フランスの社会学者であるピエール・ブルデュー（Pierre Bourdieu 1930-2002）の文化社会学をベースにして，現代日本の文化状況を分析することを目的としている．本書では，ブルデュー社会学の視点に立つ文化研究を初めて学ぶ人にもわかりやすいように，その理解の鍵となる理論的・方法論的な考え方や研究の流れを平易に解説するとともに，それらをいくつかの文化領域に当てはめて分析を進めている．そのことによって，各文化領域の様相を明らかにすると同時に，現代の文化研究におけるブルデュー文化社会学の意義について検討している．

　ブルデューは20世紀を代表する社会学者であり，社会学理論の新たな可能性を切り開いただけでなく，文化資本やハビトゥスなどの新しい概念によって文化が社会学の重要な対象であることを示した．また，彼の功績は，文化社会学だけでなく文化人類学，哲学，歴史学，文学，美学など多方面に及び，その理論的体系性と経験的研究の見事な融合とそこから導き出される優れた洞察は今も多くの学問分野に影響を与え続けている．そういう意味でもブルデューは知的巨人というにふさわしい．

　本書の特徴は，文化の権力性，文化資本，文化的正統性，文化的卓越化，文化的不平等といったブルデューの文化分析の切り口を，一方で，現代文化研究にとって重要な意義をもつものとして認めつつも，他方で，社会・文化状況の変化を踏まえて，再考すべき余地があるものとして捉え返そうとしている点にある．いいかえれば，本書は，これまでのブルデュー文化社会学で重視されてきた階層・階級と文化の関係性についてだけでなく，現代のよりいっそう複雑化した文化現象についてもその視野に収めることを目指そうとしている．したがって本書は，文化的オムニボア（雑食）の増大，文化的不平等や卓越化の現代的状況，あるいはSNSの普及による趣味や嗜好の多様化なども考慮に入れながら，現代文化の変容とそこでの人々の文化実践のあり方に積極的にアプローチしていく．

「社会が均質化しているとか大衆化しているとか言われている国においても，差異は至るところにある」（Bourdieu 1994＝2007: 31）とブルデューがいうように，私たちが日常的におこなっている，明確に気にも留めないような文化実践の差異を分析の俎上に載せ，理論と経験的なデータによって意味解釈をしていくことが本書の試みであるということができるだろう．

　昨今，さまざまな格差が話題や問題となり，人々の間で文化的不平等への認識が高まりつつあるなか，ブルデュー社会学への関心も改めて浮上してきたと考えられる．しかしその一方で，ブルデュー社会学をベースにした現代日本の文化研究はいまだ十分に開拓がなされていないように見える．そのため，本書は，ブルデュー社会学をベースに共同で研究を進めてきた執筆者たちが，上記の諸課題を共有しながら，いくつかの文化領域の研究に取り組むことによって，ブルデュー文化社会学の現代的意義と新たな研究視座を提出することをねらいとしている．また，こうした共通認識のもとで進められた本書の文化実践の分析や考察は，これからブルデュー文化社会学を学ぼうとする学部生の基礎知識を涵養するのに役立つだけでなく，ブルデュー以降の文化社会学の動向や広がりについてもさらに理解を深めるのに貢献するはずである．ぜひ学部生のみならず，大学院生・研究者，そして一般の読者の方々にも広く手にとっていただければ幸いである．

　2024 年 5 月 9 日

編著者　片 岡 栄 美・村 井 重 樹

**参考文献**

Bourdieu, P., 1994, *Raisons pratiques: Sur la théorie de l' action,* Seuil.（＝2007，加藤晴久・石井洋二郎・三浦信孝・安田尚訳『実践理性──行動の理論について』藤原書店.）

# 目　次

はじめに

## 第1章　ブルデュー文化社会学への招待 ················ 1

はじめに　(1)

1　ブルデュー文化社会学の基本概念　(1)

2　ブルデュー文化社会学の論理　(9)

3　ブルデュー文化社会学の視座　(14)

## 第2章　文化的オムニボア（文化的雑食）とは何か ·················· 18

1　象徴的排除と階級　(18)

2　文化的排他性の変容と文化の序列性　(19)

3　文化的オムニボア（文化的雑食）仮説の登場　(21)

4　日本は文化的雑食（文化的オムニボア）の社会か？　(23)

5　文化的オムニボアは寛容性か，それとも卓越化の新しい形態か？　(25)

6　「ゆとりのハビトゥス」から「ファスト教養」の時代へ　(29)

7　現代の文化資本とは何か　(31)

## 第3章　文化資本の揺らぎと境界感覚の測定
### ―― CDショップの利用調査をもとに ·············· 35

1　ハビトゥスについて　(35)

2　卓越化について　(38)

3　音楽の優劣　(43)

## 第4章　大学生における「趣味の良さ」と階層意識，ハビトゥスの関係 ·············· 53

はじめに　(53)

1　趣味・嗜好とハビトゥス　(53)

2　大学生の趣味データの読み方　(55)

iii

3 進路選択と趣味の関係　(56)

4 仮説とデータ　(56)

5 大学生の「趣味の良さ」判断と「趣味の幅広さ」の関係　(57)

6 趣味実践と趣味の良さ　(59)

7 趣味活動の差異空間の多重対応分析と文化マップ　(61)

8 大学生の社会空間の特徴と差異空間との対応関係　(64)

9 希望する職業の社会空間と差異空間の対応　(78)

ま と め　(81)

# 第5章 食の実践・卓越化・正統性
## ── グルメからフーディーへ ............................................. 86

は じ め に　(86)

1 食事の礼儀作法と社会階級　(87)

2 食事様式と卓越化　(89)

3 食の実践と文化的オムニボア　(92)

4 グルメ文化と真正性　(94)

5 食の実践・卓越化・正統性 ── 良い食べ物をめぐる象徴闘争　(99)

# 第6章 食の好みと社会階層 ..................................................... 101

は じ め に　(101)

1 食のテイストと社会階級に関する先行研究　(102)

2 分析課題　(105)

3 デ ー タ　(106)

4 食の文化資本尺度　(106)

5 食の文化資本得点の規定要因　(108)

6 好きな料理にみる食テイスト空間　(110)

7 食テイスト空間と社会空間の対応　(112)

ま と め　(117)

目　　次

第**7**章　ソーシャルメディアにおける
　　　　　文化実践と社会空間 ……………………………………………… 123

は じ め に　（123）

1　文化実践の場としてのソーシャルメディア　（125）

2　デジタルデバイド　（127）

3　オンライン場の理論　（128）

4　サーベイ調査と行動ビッグデータ　（132）

5　データの説明　（133）

6　文化実践はどのようにして社会空間を再生産するか？――条件の特定　（133）

7　疑似予測法　（136）

8　データの処理と分析モデル　（137）

9　結　果　（138）

10　Twitter 上での実践は社会空間を再生産するか？　（142）

ま と め　（144）


索　　引　（147）

v

第1章

# ブルデュー文化社会学への招待

村井 重樹

## は じ め に

　この章では，本書の各章で展開される，ブルデュー社会学にもとづいた文化研究を理解するために必要となる基本的な概念や見方を解説していく．ブルデューは，彼独自の諸概念や理論を駆使した優れた社会分析によって社会学のさまざまな領域に多大なる影響を及ぼし，世界的に名声を博した社会学者である．ブルデューが残した数々の研究業績の意義は，今でも世界中の社会学の研究のなかで繰り返し引用や言及がなされていることをみても疑いようがない．しかしながら，ブルデュー社会学はひじょうに難解であることでも知られており，何の予備知識ももたないまま，思い立って彼の著作に挑戦してみようとしても一筋縄ではいかないところがある．本書では，ブルデュー社会学の諸概念や理論を主として使用しながら，いくつかの文化領域の社会学的考察が進められていくことになるが，まずはここで，それらを読み解くうえで欠かすことのできないブルデュー文化社会学に関する基本的な見方や考え方を提示し，本書に通底する文化研究の全般的な見通しを与えておくことにしたい．

## 1　ブルデュー文化社会学の基本概念

　ブルデュー文化社会学の基本的な考え方を理解するうえでもっとも重要な著作は，1979 年にフランスで出版された『ディスタンクシオン——社会的判断力批判』であるといえるだろう．この著作のなかでブルデューは，一般にそれぞれの自発的な好みにすぎないと考えられている人々の趣味や嗜好ならびにラ

イフスタイルの選択が，いかなる社会的・文化的条件のもとで生み出されているのか，そしてそのことが人々の社会的地位の達成や不平等とどのように結びついているのかを社会学的に探究している．そこでブルデューは，私たちが日ごろから何気なく関心を抱いて取り組んでいるさまざまな文化活動や，取り立てて意識することなくくだしている文化的なものへの価値判断や評価に，各自のこれまでの人生のなかで蓄積してきた社会的・文化的経験がどれほど深く染みこんでいるのかを鮮やかに描き出している．ブルデューが打ち出したハビトゥス，場（あるいは界），文化資本といった独自の社会学的概念は，こうした文化と社会構造の密接な結びつきを解明するためのきわめて有効な視点を提供しているといえる．そのため，先にこれらの諸概念について概観したうえで，ブルデュー社会学の視座から導き出される文化研究の意義について検討していきたい．

### （1）ハビトゥス

　私たちが日常生活のなかで何らかの文化活動をおこなったり，文化作品を評価したり，文化的対象を選び取ったりする際に，それらを導く重要な役割を果たすのが，人々の身につけた「ハビトゥス（habitus）」である．ブルデューによれば，ハビトゥスとは，「客観的に分類可能な慣習行動の生成原理であると同時に，これらの慣習行動の分類システム（分割原理 principium divisionis）でもある」（Bourdieu 1979a=2020 I: 279）．日常的に無数の選択肢のなかから何かを選び出すことは，その選択という営み，すなわちほかではなくそれを選んだというおこないを通じて，自分がどのような好みをもった人物であるかを他者たちに示していることを意味する．また同時にこのことは，それ以外の選択肢を取るに足らないものとして排除することを意味し，それらに対して選ぶに値しないものという価値判断をくだしていることにもなる．こうして私たちは，どのような音楽を好んで聴くか，どのような芸術を好んで鑑賞するか，どのような文学を好んで読むか，どのようなスポーツを好んでするか，どのような食べ物を好んで食べるかなど，さまざまな文化的選択をおこなうなかで，自分自身の趣味や嗜好を他者へと呈示しているだけでなく，自分自身の趣味や嗜好との類縁性にもとづいて他者のそれを評価しているのである——他者もまた然り．した

がって私たちは，自らの趣味や嗜好を通じて他者から分類され，かつ他者を分類しているのであり，こうした分類をともなう日々の文化実践を生み出しているのが，ブルデューのいうハビトゥスなのである．

　ハビトゥスとは，人々が日常生活のなかで積み重ねてきたさまざまな経験を通して身につけた社会的・文化的性向のシステムのことである．この社会的・文化的性向のシステムは，幼いころからの諸経験が人々の身体に時間をかけて沈澱することによって生成されるものであるが，やがて今度は知らぬ間に日々の営為を方向づけ意味づける行為の原理ともなる．かくして身体化されたハビトゥスは，人々が，どのような音楽作品や芸術作品や文学作品に手を伸ばし，どのようなスポーツに取り組み，どのような食べ物や料理を口にするのか，またそれらをどのように感じ，どのように認識し，どのように判断するのかを条件づけるようになる．こうした人々の実践の積み重ねは，さまざまな所有物やライフスタイル，たとえば絵画・家具・自動車・衣服・書物などの趣味や嗜好のなかに体系的に表現されることになる．ブルデューにしたがえば，ハビトゥスは「知覚・評価図式」(Bourdieu 1979a=2000 I: 281) であり，人々はこの身体化された知覚・評価図式を媒介として社会的世界を経験し，種々の実践を遂行することで，その人なりの体系性や傾向性を示しているのである．

　では，このようなハビトゥスの体系性は，どのようにして形成されるのであろうか．ブルデューによれば，それは人々が置かれた生活条件に由来している．そのため，一方で，類似する生活条件のもとでハビトゥスを身につけた人々は，全体として似通った趣味や嗜好をもつことになり，他方で，異なる生活条件のもとでハビトゥスを身につけた人々は，互いに相容れない趣味や嗜好をもつことになる．この集合的な生活条件の差異を社会階級の差異と捉えるならば，ハビトゥスは社会階級に応じた社会的・文化的性向のシステムであると理解することができる．それぞれのハビトゥスから生み出される趣味や嗜好の体系的な差異は，社会階級ごとの知覚・評価図式の差異が表れた結果なのだといえるのである．

　また，こうしたハビトゥスを身体化した人々は，日常的に遭遇する多様な選択や判断の場面で，それぞれの社会階級に固有の傾向性を示すような実践を生み出していく．ブルデューの例えを借りれば，ハビトゥスに固有の体系性や一

貫性は「筆跡」という性向になぞらえることが可能である（Bourdieu 1979a=2000 I: 283）．たとえば，私たちは，幼少期からの度重なる訓練の結果として，文字を書くという性向を身につける．この性向は，いったん獲得されれば，それ以降，鉛筆でノートに書こうと，チョークで黒板に書こうと，一見してすぐにその人と判別できるような特有の字体を生み出すことを可能にする．人々は文字を書くために使用する道具や素材が場面ごとに変わったとしても，獲得した性向を臨機応変に駆使しながら，その人ならではの痕跡を刻み込んだ筆跡を絶えず描き出しているのである．社会階級のハビトゥスとは，まさしくこの筆跡の性向と同じように，いかなる場面や状況であっても，その人の生活条件を刻印した実践を一貫して生み出すことができる行為の原理なのである．ブルデューがハビトゥスを「持続性をもち移調可能な諸性向（dispositions）のシステム」（Bourdieu 1980=1988: 83）と簡潔に定義しているのは，この意味においてである．このように行為者は，自らの生活条件，すなわち社会階級に応じた知覚・評価・行為の図式を身体に宿しており，これを日々のあらゆる場面や状況において体系的に移し替えながら階級的に一貫した実践を繰り広げている．そして，これらのハビトゥスの体系的な差異はまた，彼らの社会的アイデンティティの差異を構成することにもなるのである．

## （2）社会空間と資本構造

ブルデューは，階級的な生活条件によって生産される行為者のハビトゥスを十分に理解するには，各種の資本の配分構造によって客観的に規定される社会空間の内部にそれを位置づけなければならないと述べている．ここでいう資本とは，主として「経済資本（仏語：capital écomomique，英語：economic capital)」，「文化資本（仏語：capital culturel，英語：cultural capital)」，「社会関係資本（仏語：capital social，英語：social capital)」を指し，ブルデューによれば，これらの資本の総量と構成が人々の生活条件を大きく形作っている．一方で，人々が所有するこれらの資本の総量の多寡は，支配階級／中間階級／庶民階級といった社会階級を区分し，それらのあいだの序列を生み出すことになる．他方で，これらの資本の構成の差異——たとえば，経済資本が多い／文化資本が少ない（経済資本＋／文化資本－）あるいは反対に経済資本が少ない／文化資本が多い（経済資

本－／文化資本＋）など——が，それぞれの社会階級の内部における集団相互——たとえば，支配階級における経営者層，自由業層，教授・芸術家層などの階級内集団——を区分することになる．それゆえ社会空間は，このような資本の配分によって構造化された社会的位置の空間を形成するとともに，人々がその内部に位置を占める空間として捉えることが可能である．ハビトゥスを媒介とした人々の分類体系は，「社会空間内において一定の位置を占めるという経験を通して現れてくる社会空間構造が身体化された結果出てくるもの」（Bourdieu 1979a=2020 I: 286）なのである．

　同時に，この社会空間は，それぞれの社会階級相互の対立関係によっても特徴づけられる．その際，ブルデューが重大な意義を見出しているのが経済資本と文化資本の配分構造である．ブルデューにとって，とりわけこの2つの資本が趣味や嗜好ならびにライフスタイルの階級的な対立関係を理解するうえで重要な鍵を握っており，概してそれは経済資本／文化資本の総量と構成という2つの軸に沿って説明される．

　一方の軸は，資本の総量を通じた対立関係，すなわち経済資本／文化資本がいずれも豊富な層から経済資本／文化資本がいずれも乏しい層へといたる垂直的な対立関係である．たとえばそれは，文化消費の観点から見れば，支配階級／中間階級／庶民階級の序列と正統的趣味／中間的趣味／大衆的趣味の序列とが対応をなし，それぞれの社会階級が相互に対立し合うような関係に立つことを意味する．もう一方の軸は，経済資本／文化資本の構成に応じた対立関係，すなわち相対的に経済資本が豊富であるか，それとも文化資本が豊富であるかによって導かれる水平的な対立関係である．たとえばそれは，同じく文化消費の観点から見れば，経済資本／文化資本の構成比の相違により，俗物的／前衛的，ブルジョワ的／知識人的，快楽主義的／禁欲主義的といった階級内集団同士の対立関係を導くことになる．このように，ブルデューにしたがえば，社会空間は，資本の配分構造によって客観的に規定されると同時に，さまざまな位置を占める各社会階級（階級内集団を含む）相互の対立関係を軸として把握されるのである．

## （3）文化資本概念

　では，社会空間を構造化する経済資本，文化資本，社会関係資本は，どのようなものとして理解できるだろうか．それぞれの資本概念について簡潔に整理しておこう．

　まず，経済資本とは，所得・貯蓄・不動産などの金銭的・経済的な財や資源のことを指す．人々の経済活動の元手となるもので，物質的に継承可能な資本ともいえる．経済還元主義的な実践分析に異を唱えるブルデューは，この経済資本と対比するかたちで文化資本概念の意義を提示している．

　次に，文化資本である．ブルデューはこれを，① 身体化された様態，② 客体化された様態，③ 制度化された様態という 3 つの側面から説明している (Bourdieu 1979b=1986)．1 つめの「身体化された文化資本」は，ハビトゥスといいかえられるもので，とりわけ家族を通じて獲得や継承がなされた文化的性向や能力のことを指す．文化資本の身体化には多くの時間を要するため，その分相続されたことが見えにくい資本でもある．2 つめの「客体化された文化資本」は，絵画，書物，辞典などの文化財のかたちを取る．これらは経済資本と同様に，物質として継承可能で，その獲得には経済資本が前提とされるが，身体化された文化資本との関係においてその特性が定まる．なぜならそれは物質的な領有の対象であるだけでなく，象徴的な領有の対象でもあるからだ．したがって，客体化された文化資本は，行為者が知識や能力の面でそれを領有できる限り資本として機能する．3 つめの「制度化された文化資本」は，資格という形式に客体化されたものである．これは文化資本を制度として確立したもので，それを代表するのが学歴資格である．学歴資格は，その保持者たちに法的に保証された価値を授け，彼らの文化的能力を恒常的に証明する．またそれは，所持する者と所持しない者とのあいだに境界線を設けて集団を制度的に確定する役割を果たす．

　最後に，社会関係資本は，「顕在的あるいは潜在的な資源の総和であり，程度の差はあれ制度化された人間関係，互いに面識があり会釈し合う関係の持続的なネットワークを有している個人や集団の手に入るもの」(Bourdieu and Wacquant 2007: 158) と定義される．端的に言えば，人々が所有している人間関係のネットワークであり，いわゆる人脈やコネなどがそれに当たる．

### （4）美的性向

　ブルデューは，社会空間を，こうした種々の資本を基軸として分化した階級構造と見なしている．そこでは主として，経済資本と文化資本の総量と構成の差異がハビトゥスの差異を生み，それが人々のあいだの対立関係を形成する．そしてその際，とりわけ重要な鍵を握るのが，ブルデューが美的性向と呼ぶものである．経済資本概念と対称的に理解される文化資本概念を導入することによって浮き彫りになるのは，社会階級間の美的性向の差異と，その社会的な含意である．

　美的性向とは，「日常的な差し迫った必要を和らげ，実際的な目的を括弧にいれる全般化した能力であり，実際的な機能をもたない慣習行動へむかう恒常的な傾向・適性」（Bourdieu 1979a=2020 I: 97）のことである．これは，たとえば感情や倫理ではなく美学的な知識にもとづいて芸術作品を評価する，率直な話しぶりではなく高度に検閲された言葉遣いをするなど，日常生活の利害を宙吊りにするような「機能にたいする形式の絶対的優位」（Bourdieu 1979a=2020 I: 60）によって特徴づけられる．ブルデューによれば，こうした美的性向は，経済的拘束から自由になること，すなわち「必要性への距離」（Bourdieu 1979a=2020 I: 290）によって生み出されるものであり，同時にこれが社会階級を相互に分割することになる．

> 　以下のものほど，さまざまの階級を厳密に区分するものはない．すなわちまずは正統的な作品を正統的に消費するために客観的に要求される性向であり，次いですでに美的に構成された――したがって，賛嘆すべきもののしるしを見分けるすべを身につけた人々の賛嘆の的になるような――対象にたいして文字通りに美的な観点をとる適性，そしてさらにまれではあるが，つまらない対象，あるいは（美的なしかたであるにせよないにせよ，「一般大衆」がそれらを所有化しているがゆえに）「下品」でさえあるような対象を美的に構成したり，料理や衣服や室内装飾のような日常生活の最も日常的な選択にまで，「純粋」美学の原則をもちこんだりする能力，といったものである．（Bourdieu 1979a=2020 I: 74-5）

　したがって，資本の総量が豊富で，社会空間の上位を占める支配階級は，趣

味やライフスタイルの選択においてゆとりや余裕を醸し出す美学的な知覚や評価を生み出す一方，資本の総量が少なく，社会空間の下位を占める庶民階級は，日常生活の経済的必要性にとらわれた通俗的な知覚や評価を生み出すのである．ブルデューは，必要性への距離が大きい前者の趣味を「自由趣味」もしくは「贅沢趣味」と呼び，必要性に即した後者の趣味を「必要趣味」と呼んでいる．

　また，ブルデューによれば，美的性向は，社会階級間だけでなく，階級内集団間の区別ももたらす．たとえばスポーツ実践を例に取れば，支配階級は，教授層，自由業層，経営者層といった階級内集団のあいだで，次のような趣味の違いを見せる．

　　まず第一に，教授層の貴族的禁欲主義は典型的に登山というスポーツに現われてくる．それはハイキングやそのための専用遊歩道——ハイデガーのことなど考えながら歩くとか——あるいは自転車旅行やその途中で出会うロマネスク教会などよりもさらに一層，自分はおのれの肉体と，常人には近づきがたい自然とを同時に支配しているのだという感情を通して，最小の経済的コストで最大の卓越化，他者との距離，高さ，精神的高揚などを得る方法を提供してくれるものだからである．これにたいして医師や現代の管理職など，最も高級とされている慣習行動に親しむための物質的・文化的手段を（小さい頃からそれを始めるといったかたちで）もっている人々の健康的な快楽主義は，ヨット遊び，沖合での海水浴，山スキー，スピアフィッシング（潜水漁猟）などの形であらわれてくる．そして第三に経営者たちは，前二者と同じ卓越化利益をゴルフというスポーツから得ようとする．具体的にはその貴族的エチケット，英語から借用された用語，そしてゴルフをやる人しか入れない広大な土地などからそうした利益を得ようとするのであり，これには言うまでもなく，そこから余禄として得られるそれ以外の利益，たとえば社会関係資本の蓄積なども当然含まれる．

　　（Bourdieu 1979a=2020 I: 355）

　支配階級は，資本の総量の面で，庶民階級と美的性向が異なるのはもちろんのこと，ここでは階級内集団が，資本の構成の面で，それぞれ異なる美的性向

を体現している様子が描かれている．経済資本が豊富で文化資本に乏しい経営者層，文化資本が豊富で経済資本に乏しい教授層，両者の中間に位置づけられる自由業層は，経済資本／文化資本の構成比に応じて，別々の種類のスポーツに取り組む傾向にあり，それぞれのスポーツ実践から得る利益を異にしているのである．

## 2　ブルデュー文化社会学の論理

### （1）場と卓越化

ブルデューは，社会的に分化した各領域に固有の実践が展開される空間を「場（仏語：champ, 英語：field）」と呼んでいる．場は，相対的に自律した社会的ミクロコスモスであり，「さまざまな位置のあいだの客観的諸関係からなる空間」（Bourdieu and Wacquant 1992=2007: 150-151）である．歴史的な過程を経て自律化した各々の場——経済場，政治場，科学場，芸術場，音楽場，文学場，スポーツ場など——では，それぞれ独自の賭け金をめぐって行為者同士の闘争が繰り広げられている．一方で行為者たちは，場に内在する固有の価値——たとえば，経済場における経済的利潤の価値，科学場における科学的真理の価値，芸術場における美の価値など——を共通に信奉しているけれども，他方で彼らは，各種の効力を発揮する手持ちの資本を元にして，場の空間内で占める自らの位置の保持あるいは変容を目指して相争っているのである．

ブルデューは，このような場における行為者たちの営みを，しばしばゲームに例えている．ゲームでは，争う価値があるもの＝賭け金について，プレイヤーのあいだで同意が得られている．プレイヤーは，このゲームの賭け金＝価値をめぐる争いに参加することを暗黙裡に承認したうえで，その戦況を有利に進めるべく，自らに分配された手札＝資本に応じて多様な戦略を繰り出していく．もちろんゲームで賭けられるものは，それぞれのゲームのルールに依存しているため，手札に与えられる意味もそれに応じて異なるといえるが，参加時点で配分された自分の持ち札によってプレイヤー同士の力関係はあらかじめ条件づけられている．そこでプレイヤーたちは，さまざまな効果をもつ各種の手札を場面に応じて巧みに駆使しながら，ゲーム内での力関係を一貫して保持す

る（有利な手札をもつプレイヤーは戦況を保つことに利益を見出し，それに見合った無難な手を打つ），あるいは反対に，それを一気に転換する（不利な手札をもつプレイヤーは戦況を覆すことが必要となり，それに見合った大胆な手を打つ）など，ゲームのなかでの各自の立場を踏まえた駆け引きをおこなっている．ブルデューによれば，場は，こうしたゲームに匹敵する争いの空間なのである．

　では，実際のところ，場のゲームを競い合うことで人々が獲得する利益とは何なのか．ブルデューは，たとえば芸術場を念頭に置くならば，そこで芸術作品は文化資本として機能しつつ，2つの利益を保証するという．すなわちそれは卓越化の利益と正統性の利益である（Bourdieu 1979a=2020 I: 369-70）．芸術作品を領有するには，そのコードを解読し評価するための美的性向や能力などが必要である．かかる美的性向や能力を備えた人々は，ある芸術作品に美学的な価値を見出し，それを自らの選好の対象とするが，その性向や能力が社会的に希少で得難いものであればあるほど，彼らは芸術作品の領有を通じて他者から象徴的に優越し差異化を図ることが可能になる．芸術作品の領有は，一方で，こうした文化資本の希少性を媒介として人々に卓越化の利益をもたらすのである．

　また，もう一方の正統性の利益とは，「自分が（いまある通りのしかたで）存在し，あるべき姿でいることを正当化されているのだと感じるところに生じる利益」（Bourdieu 1979a=2020 I: 370）である．場には歴史的闘争から生じた正統性の序列が備わっている．たとえば芸術場であれば，芸術とは何かをめぐる歴史的闘争から生じた美醜に関わる価値の序列が成立しているということだ．その上位を占める稀少で価値の高い芸術作品を鑑賞したり消費したりする人々は，当然それによって自らの文化的正統性が保証され，洗練された鑑識眼の持ち主としてしるしづけられることになる．それゆえ，彼らは芸術場にふさわしい趣味の良さを身につけた存在として余裕を醸し出すことができるだけでなく，自分自身がありのままで正当化されているという感覚を抱くのである．このように場では，それぞれに固有の正統性を賭けた卓越化のゲームがおこなわれ，それによって生み出される象徴的利益が争われているのである．

第 1 章　ブルデュー文化社会学への招待

## （2）象徴闘争

さらに，別の角度から見れば，場の闘争は，「正統的生活様式を相手に押し
つけることを目標とする象徴闘争」（Bourdieu 1979a=2020 I: 406）として理解する
ことも可能である．人々は，自らの所有するハビトゥスや資本が各々の場の正
統性の定義と親和的であればあるほど，他者から承認と威信を獲得して象徴的
に優位に立てる．裏を返せば，場で正統な存在であるとの承認が得られれば得
られるほど，自らの性向や知覚・評価・行為の図式を正しいものや価値あるも
のとして他者たちに押しつけられる可能性が高まるということである．ブル
デューによれば，「正統的作品はすべて，それ自身を知覚するための規範を押
しつけようとする傾向を実際にもっており，ある特定の性向や特定の能力を活
用する知覚様式を，暗黙のうちに唯一の正統的様式として規定するもの」なの
である（Bourdieu 1979a=2020 I: 57-58）．したがって場は，各自の美的性向や知
覚・評価・行為の図式を唯一正統なものとして認めさせ，他者に押しつけ合う
象徴闘争の空間を構成している．一方で，正統的な位置を占める者たちは，そ
の序列の保持を目論み，他方で，従属的な位置を占める者たちは，その序列の
転覆を目指そうとするなど，場は正統性の定義の独占によってもたらされる象
徴資本が競われている．

## （3）諸空間の相同性

ブルデューにしたがえば，こうした象徴闘争が繰り広げられる場は，社会空
間と相同性の論理で結ばれている．場の空間と社会空間は，行為者の集合的位
置とそれらの対立関係が構造的に対応しているため，各々の場における実践
は，ハビトゥスを媒介として，社会空間上の階級的位置と相同的に捉えること
が可能であるということだ．再びスポーツを例に取れば，社会空間上の各位置
を占める人々は，それに見合う階級のハビトゥスを獲得し，それぞれに特有の
身体に対する関係の取り方を身につけることで，スポーツ場でも自らの階級的
位置と親和的なスポーツ実践を選好する傾向をもつ．

図 1-1 を見てみよう．これは，ブルデューが『ディスタンクシオン』で社
会空間（社会的位置空間）と生活様式空間の関係を多重対応分析という統計手法
によって描き出した図（『［普及版］ディスタンクシオン I』では 208-209 ページの図）

11

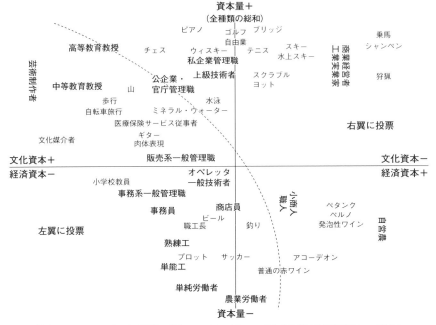

(『ディスタンクシオン』(邦訳Ⅰ巻)の 192-193 ページに掲げた図を簡略化し、好きな飲物、スポーツ、楽器、ゲームに関するいくつかの有意味な指標だけを抜き出したもの)
点線は、右翼に投票するか左翼に投票するかのおよその境界を表す。

**図 1-1　社会的位置空間と生活様式空間**

出所）Bourdieu（1994=2007: 22）

の簡略版である．そこでは行為者の位置が互いに近ければ近いほど類縁性が高く，互いに遠ければ遠いほど類縁性が低くなるのであるが，それが資本の量と構成に応じて階級的・集合的に分化すると同時に，ハビトゥスを媒介としてライフスタイルや文化実践の差異としてあらわれている様子が示されている．つまり，各階級集団と各種の文化項目が近くに配置されていればいるほど両者の親和性が高く，反対に遠ければ遠いほど親和性が低くなり，それが階級集団間の社会的距離や対立関係を表現しているのである．

　続けてスポーツを見れば，支配階級はフェアプレイや精神性を求めるゴルフやテニスや登山などを好み，庶民階級は肉体的暴力や力への崇拝を求めるサッ

カー（この図にはないが、『ディスタンクシオン』では、ほかにもラグビーやレスリングやボクシング）などを好んでいることが分かる。また、支配階級のなかでも、相対的に経済資本が豊富で文化資本に乏しい層（経済資本＋／文化資本－）はゴルフやテニスやスキーを好み、相対的に経済資本に乏しく文化資本が豊富な層（経済資本－／文化資本＋）は登山やハイキングや自転車旅行を好んでいることも理解できる。そのほかの各種の文化実践についても、同様に階級的・集合的な対応関係が存在することが見てとれる。

　かくしてブルデューは、「趣味とは優れて、運命的な愛のかたちである。ハビトゥスはもろもろの表象や慣習行動を生みだすが、それらは生産母胎になった客観的諸条件にたいし、つねにそう見える以上にぴったり適合しているものなのだ」（Bourdieu 1979a=2020 I: 396）という。言葉遣いや立ち居ふるまいから、芸術・音楽・ファッション・スポーツ・インテリアの好み、そして味覚や美的感覚にいたるまで、趣味や嗜好にはあらゆるところに階級のハビトゥスが刻印されている。趣味や嗜好は、一方で、ハビトゥスの類似した人々を近づけ、他方で、ハビトゥスの相違した人々を遠ざけるように働き、階級相互の排除と対立をうながす。ブルデューによれば、「闘争の中で、また闘争によってのみ、身体化された境界は具体的な境界線となる」（Bourdieu 1979=2020 II: 894）のである。ハビトゥスという自他の分類システムは、こうした社会階級間の象徴的境界を生み、またそれをめぐる卓越化のゲームを惹起する。場は、それぞれが固有の正統性の序列を有し、その定義の独占をめぐる象徴闘争が繰り広げられているものの、社会空間と相同性の論理で結ばれているがゆえに、階級のハビトゥスを通じて、場の各位置に見合った実践へと人々を導いていく。いいかえれば、社会空間の階級的な対立と支配の関係は、場に特有の論理にしたがって具体化・特殊化されつつも、両者の相同性に支えられることによって、各場のなかで再現される傾向にある。結果として、場の闘争は、その要求に適合的なハビトゥスや各種の資本を豊富に所有する人々にとって有利に働き、往々にして階級的な支配関係や不平等の再生産をもたらすのである。

## 3　ブルデュー文化社会学の視座

　ブルデューは，以上のような概念や理論を基盤とすることで，社会学的な文化研究の領野を切り開いてきたといえよう．すなわち，私たちの日常的な活動や実践はどのように階級構造と結びついているのか，そしてそこでは文化的なものが両者を媒介しながら支配関係や不平等をいかにして再生産しているのか．この意味で，ハビトゥス，場，文化資本，卓越化・差異化，正統性，象徴闘争など，ブルデュー社会学が打ち出す諸概念は，現代社会における文化の働きを理解するのに欠かせない重要な論点を提起している．というのも，ブルデューからすれば，「文化とは，あらゆる社会的闘争目標〔賭金〕がそうであるように，人がゲーム〔賭け〕に参加してそのゲームに夢中になることを前提とし，かつそうなるように強いる闘争目標のひとつ」だからである（Bourdieu 1979a=2020 I: 407）．ここでは最後に，文化が媒介となって階級的な支配関係や不平等を存続させるというブルデュー文化社会学の含意を，あらためて，①嗜好の社会性，②嗜好の階級性，③嗜好の正統性という３つの視座から整理して締めくくることにしよう．

　まず，ブルデューの文化研究に対する貢献の１つは，ハビトゥス概念を通じて，人々の知覚や評価が社会的基盤をもっていることを明らかにした点にあるだろう．一般的な見方からすれば，人々が生み出す知覚や認識あるいは価値判断や評価は，内発的・自発的に導かれたものとして理解されることがほとんどである．いいかえれば，音楽や芸術作品そしてライススタイルなどに至る人々の文化的嗜好や好みは各自が主体的に選び取った結果であり，それ自体が生まれもった独自の感性やセンスの表れであると考えられているのである．だからこそ，現代社会において文化的な感性やセンスは各自の個性やアイデンティティを体現したものとして強烈な存在感を発揮している．

　しかしブルデューは，こうした人々の感性やセンスは社会的に形成されたもの，すなわちハビトゥスによって生み出されたものであるという．文化作品や文化活動に対する人々の好みや評価は，それぞれが幼少期から積み重ねてきた社会的諸経験を映し出したものにほかならず，さまざまな文化実践にはその痕

跡が否応なく残されている．このことは文化的鑑識眼が各自の人生の軌道を表現していると同時に，各自が置かれた生活条件，とりわけ家族のなかで世代間を通じて継承してきたものであることを示している．まさしく，「『眼』とは歴史の産物であり，それは教育によって再生産される」（Bourdieu 1979a=2020 I: 17）のである．ブルデューによれば，文化実践を社会学的に分析するためには，知覚・評価図式としてのハビトゥスを把握しなければならないが，それは社会性を抜きにして人々の文化的嗜好を語ることができないことを意味している．

　次に，家族がハビトゥスを形成する基盤であるとすれば，それが社会階級とのあいだに取り結ぶ関係を無視するわけにはいかない．なぜなら，家族は社会空間の内部に位置し，その階級構造によって規定されているからである．ブルデューは，こうした社会空間の階級構造を資本の総量と経済資本／文化資本の配分比率を軸とした対立構造として把握し，それが社会階級間のハビトゥスの差異，いいかえれば社会階級に応じた美的性向の差異を生み出すと考えるのである．

　ここにブルデューが導入した文化資本概念の優れた社会学的意義を認めることができる．従来から消費行動には階級性が存在することが指摘されてきたけれども，それは主として経済資本をベースとした見方であったといえよう．しかし，ブルデューは文化資本という軸を加えることによって，社会階級の序列関係（支配階級／中間階級／庶民階級）だけでなく，同一階級内での対立関係（たとえば，支配階級内の経営者層／自由業層／教授・芸術家層との対立）をも描き出したのである．美的性向は，こうした階級内集団相互を象徴的に区分するものであり，人々はそれに応じた階級的な文化実践を自明のものとして生み出していく．ハビトゥスに刻みこまれた美的性向の差異には社会空間における資本の総量と資本構成が密接に関係していて，それが嗜好の多元的な階級性を形作っている．かくして美的性向は，必要性への距離を媒介とした自由趣味と必要趣味の対立を導くだけでなく，階級内集団のあいだに象徴的な境界を打ち立てるのである．

　そして最後に，人々は日頃から，こうして身体化した社会階級のハビトゥスを基盤としながら，各々の場で文化実践を展開している．音楽，芸術，文学，食，スポーツなどの場は，歴史的過程を通じて自律した文化領域へと分化し，

それぞれ固有の文化的正統性の序列を確立している．この文化的正統性の序列は，「価値のある音楽とは何か」「価値のある芸術とは何か」「価値のある文学とは何か」など，各場に固有の争点＝賭け金をめぐって繰り広げられた象徴闘争の結果として生み出されたものである．場に参入する行為者は，歴史的に形成された場の価値をハビトゥスとして身体化し，そこに内在するそれを当たり前のものとして信奉することで，今度は場におけるほかの行為者たちと正統性の定義をめぐって相争うようになる．

　かくして場は，行為者相互のあいだで文化的卓越化の論理が作動する空間として捉えることが可能になる．ブルデューによれば，場と社会空間は相同性を有しているので，場における文化実践は行為者のハビトゥスを介して社会空間上の位置と対応関係をなす傾向をもつ．人々の文化実践は，自らの階級的な位置に応じたものになるとともに，場に内在する価値の序列に組み入れられることによって，文化的正統性の度合いが相異なるもの，すなわち高尚なもの／低俗なもの，洗練されたもの／野暮なもの，卓抜なもの／平凡なものなどとして，それぞれ知覚され判断されることになるのである．社会空間における社会階級の序列関係と場における文化的正統性の序列関係が親和的であるからこそ，場の内部で繰り広げられる象徴闘争は，元手となる各種の資本を豊富に所有する支配階級にとってあらかじめ有利に働くゲームと化すのである．文化的正統性を賭けた卓越化の戦略は，それを知覚する行為者たちの位置や距離に応じて相異なるものになるけれども，場に内在する既存の価値と親和的であればあるほど象徴的利益を獲得しやすくなり，自らの嗜好の正統性を他者へと押しつける可能性を増大させる．結果として支配階級は，文化的正統性を通じた選別と排除を後ろ盾にして既存の支配関係や不平等を再生産していくのである．

　さて，ブルデュー文化社会学への概念的もしくは理論的な招待は，このあたりで終えることにしよう．ブルデュー文化社会学は，これらの視座を中心に据えながら，理論的にも経験的にも文化現象の新たな分析可能性を開拓してきた．しかし同時に，ブルデュー文化社会学の視座の重要性が認められ影響力が高まる一方，フランス以外の国や社会あるいは異なる時代においてそれが妥当するのかどうかについて理論的・経験的検証がさまざまなかたちで進められている．そこには当然批判的な見解も含まれており，現代社会の文化現象を理解

するうえで見逃すことのできない論点が提出されている．本書では，ブルデュー文化社会学にもとづいて，それぞれ具体的な文化領域の検討がおこなわれているが，その際に，そうしたブルデュー文化社会学をめぐる現代的な研究動向も分析の視野から外すわけにはいかない．したがって，各文化領域の分析に入る前に，次章でその点について考察しておこう．

## 参考文献

Bourdieu, P., 1979a, *La Distinction: Critique sociale du jugement*, Minuit.（＝2020，石井洋二郎訳『［普及版］ディスタンクシオン──社会的判断力批判Ⅰ・Ⅱ』藤原書店.）

―――, 1979b, "Les trois états du capital culturel," *Actes de la recherche en sciences sociales*, 30: 3-6.（＝1986，福井憲彦訳「文化資本の三つの姿」『Actes 1』日本エディタースクール出版部：18-28.）

―――, 1980, *Le Sens pratique*, Minuit.（＝1988・1990，今村仁司ほか訳『実践感覚1・2』みすず書房.）

―――, 1994, *Raisons pratiques: Sur la théorie de l'action*, Seuil.（＝2007，加藤晴久・石井洋二郎・三浦信孝・安田尚訳『実践理性──行動の理論について』藤原書店.）

Bourdieu, P and L. Wacquant, 1992, *An Invitation to Reflexive Sociology*, The University of Chicago Press. / *Réponses: Pour une anthropologie réflexive*, Seuil.（＝2007，水島和則訳『リフレクシヴ・ソシオロジーへの招待──ブルデュー，社会学を語る』藤原書店.）

第2章

# 文化的オムニボア（文化的雑食）とは何か

片岡 栄美

## 1 象徴的排除と階級

　人々の社会的地位の指標として，一定の文化消費や文化的テイスト（好み）がその役割を果たすことを，マックス・ウェーバーをはじめ多くの社会学者が論じてきた．ブルデューが分析した 1960 年代〜70 年代のフランスでは，「趣味は階級を刻印する」というように，趣味を見ればその人の社会経済的な地位や階級がわかるというのが一般的であった．趣味といってもその範囲は幅広く，立ち居ふるまいや話し方，音楽や美術，文学に関する知識や教養などである．こうした文化的教養はブルデューによって文化資本と呼ばれる．

　社会階級の歴史的伝統が長いフランスやヨーロッパ社会では，1960 年代というのは，まだ富や名声といった社会階級の違いを文化的なテイストや趣味によって明確に示すことができた社会であったといえよう．当時のブルジョア階級であればクラシック音楽や美術鑑賞といった高尚な趣味（ハイブロウな趣味）をもっており，庶民階級（労働者階級）の人々とは好みや文化の違いが大きかった．すなわち趣味や好み，ライフスタイル全般において，正統的な文化的嗜好は文化資本の指標であり，同時にそれはブルジョア階級やエリート階級として経済的にも文化的にも豊かな人々であることの証として有効なものであった．なぜなら文化資本を身体化し蓄積するには，豊かな経済資本や時間資本，つまり「必要性からの距離」（Bourdieu 1979=2020）といわれる「ゆとり」が必要であり，庶民階級の人々にとってはそのゆとりを手に入れることが難しいからである．

　そしてブルジョア階級の人々は，経済的な豊かさだけでなく，自分たちの文

18

化的な卓越性をもって社会的な境界線を引き，自分たちとは異なる文化的特徴を示す異なる階級を排除していたのである．これを象徴的排除という．より具体的に言えば，高地位の人々の多くが自分たちと異なる文化形式を低俗あるいは下品と見なし，ほかの趣味（テイスト）を否定する（嫌う）ことで，象徴的な境界線を設定する．つまり高地位者は文化的に排他的であるというのが，ブルデューの研究に明確にあらわれていた．

この象徴的・文化的な境界線は物理的なものではなく，社会関係やコミュニケーションの中で主観的あるいは心理的に距離を置かれたり，排除されていると感じられるものでもある．ただ，高地位者にとっては，その象徴的な排除は自覚的に意識して実践しているものではない場合が多いだろう[1]．

時代が変わり，こうした文化的・象徴的な境界や文化的なことがらで序列意識が生まれたり排除されたりという社会現象は，現代のほうが少なくなっただろうが，決してなくなったわけではない．現代でも，話し方やふるまい方，よい趣味をもっていることで，お金持ちで育ちのよい「お嬢様」と周囲から判断されることもあるだろう．

## 2 文化的排他性の変容と文化の序列性

近年，文化社会学の領域では，文化や趣味と社会階級の対応について，社会現象としても，理論仮説の面でも変化が起きてきた．アメリカや日本，イギリス，フランスなど，世界の多くの先進諸国で，ブルジョア階級であっても高尚な正統的文化だけを愛好するのではなく，中間文化や大衆文化に親しむ人々が増加してきた．現代の上流階級やエリート層はクラシックやオペラといった高尚な（あるいは上品な）文化で階級や階層の差異を示すこともあるが，むしろクラシックもジャズやロック音楽，ポップスもと多様な文化ジャンルを楽しむ人々が増えてきた．つまり以前は排除していた中間的あるいは大衆的な文化をブルジョア階級が排除しなくなったということでもある．これはどういうことを意味しているだろうか．

たとえばロック音楽は過去においては，対抗的な文化を示す若者たちを代弁し，既成の秩序への反抗や労働者階級の文化を代弁し，あるいは若者の抵抗のメッセージや意味をもっていたという歴史をもっている．すなわちロック音楽

は大衆の側の文化として受け止められてきた．ロック音楽が若者を中心に広がっていっただけでなく，時を経て階級や社会的地位の壁を越えて，広く多くの人々に浸透していったように，ポピュラー文化の多くが階級の壁を越えて浸透してきたように見える．

　その結果，現代では高尚な文化や教養文化を強調することで階級を誇示したり，ほかの階級を排除したりすることは少なくなっているのではないか．それはさまざまなジャンルの音楽の価値がフラット，つまり平等化して人々がジャンル間，たとえばクラシック音楽とロック音楽の序列性を意識しなくなったということだろうか．

　複製技術の進化やデジタル文化の進展で，大量の音楽が実際の生演奏ではなく，CD や配信サービス，つまりコピーとして普及したことで，ベンヤミンは作品から「アウラ」が喪失したと指摘したが（ベンヤミン 2013），ほとんどの音楽がデジタルコピーとして流通する現在において，人々は音源の違いだけで音楽への嗜好を決めるわけではないだろう．音楽へのアクセスには無料で使用できる配信サービスもあり，アクセスの経済的格差は低くなったといえるが，何を好んで聴くのか，またその趣味の良さや趣味判断という点からみれば，人々はよいものとそうでないものを識別するという形で，文化序列の存在を認め，評価の優劣の判断を行っている（片岡 1996, 2023）．

　しかし文化序列に無関心だという人も少なからず存在する．では「無関心」というのは，どういった状態を示すのだろうか．たとえばイギリスの研究では，労働者階級の人ほど，正統文化に対して無関心で躊躇を示すことが報告されている（Savage et al. 2015=2017）．日本では，文化的な序列や差異に無関心な人は，ジャンルや作品の違いをあまり知らない，見たり聴いた経験がないのでわからないというケースが多い．つまり自分がどの音楽や文化ジャンルを好むかとは別に，文化的な知識に乏しく，差異を弁別できないという人々が正統文化（たとえばクラシック音楽）に無関心であったり，その価値を認めようとしない反応を示すことがある．私たちはよく知っているジャンルや作品を好きになる傾向があり，知らないジャンルや聴いたことのない音楽には価値判断ができないので，無関心や躊躇という反応を示すと考えられる．

　ブルデューによれば，世の中で正統とみなされてきた芸術も，その元をたど

れば権力者（支配階級）が愛好し，「良い」あるいは「高尚だ」と定義した（恣意的な）趣味判断の基準が，その力関係を背景としてほかの人々に正統的なものとして押しつけられてきた象徴闘争の歴史がある．たとえばクラシック音楽は伝統的にヨーロッパの貴族や高地位の人々が愛好したという歴史があり，一般に正統的な音楽と見なされている．その基準で象徴的境界線が引かれてしまうと，それまでクラシック音楽などの正統文化に無縁であった下位の階級の人々はそれを承認するか無関心になるかである．

　では社会の中で共有された文化序列がないのかというと，そうではない．社会の中で歴史的に一定程度共有された文化資本や正統性が認められたジャンルや作品，アーティストが存在している．学校で習うジャンルや文化作品がそうであり，一般化された文化序列は程度の違いはあれ，多様な層の人々の間で共有されたシンボルとして存在していることも事実である（Lamont and Lareau 1988；片岡 1996, 2019）．

## 3　文化的オムニボア（文化的雑食）仮説の登場

　ブルデューの文化理論を単純化していうならば，文化のヒエラルキーが社会的ヒエラルキーと対応することを前提としている．より正確に言えば，経済資本と文化資本をどれだけ持っているか（資産構造）によって，異なる生活スタイルが生まれ，その生活諸条件の違いは，異なるハビトゥスを生み出す．ハビトゥスの違いは，好みのライフスタイルや文化実践，趣味の違いとして表現される．

　ブルデューによれば，「生活様式（ライフスタイル）」とはハビトゥスの体系的産物であり，たとえば上品－下品というような社会的に形容された記号体系として知覚されている．ハビトゥスは個人にとっては，家庭や学校などの周囲の社会環境の中で影響をうけ学習と獲得によって身体化されるものである．個々人によってハビトゥスは異なるが，その人の所属する社会階級によってもハビトゥスに特徴が現われるのは，ハビトゥスが身体化する過程で，階級が同じであると生活環境や社会的文化的諸条件が類似し，それが階級ごとに異なるからである．つまり階級の違いは，異なるハビトゥス，すなわち異なる趣味やテイストを生み出している．何を好きになるか趣味・テイストの問題は，個人的な問題であると同時に，社会的な構築物であることがわかる．そして文化的消費

や趣味については，象徴的に所有化する傾向や能力としてある程度一貫した特性を示す体系化したハビトゥスをわれわれが持っているからこそ，一定の生活様式を生み出すのである．

　ブルデューは趣味の違いについて，階級のような社会的諸条件によって，「自分がもっているものを好きになる」という．つまり配分上，分類上，自分に割り当てられた所有物を人は好きになるという考え方を，ブルデューはとっている．もちろん例外がないわけではないが，その人のハビトゥスが生み出されたときの存在状態，とくに階級の影響からハビトゥスは免れることが確率的に難しいことになる（片岡2018）．

　現代のエリート層はクラシックもロックもというように，高尚な文化だけでなく中間文化や大衆文化も両方を消費する文化的雑食者（文化的オムニボア）が増加してきた．地位の高い人ほど文化的に排他的であるというブルデュー理論の前提が，現代の文化的雑食のエリートたちにはあてはまらない．ブルデューの理論がエリート層（支配階級）による文化的排他性仮説であるとすれば，それとは異なる文化的折衷主義にもとづく文化的雑食性仮説があてはまる人々が増加した．後者を発見したのはアメリカのリチャード・ピーターソン（Richard A. Peterson 1932-2010）である．

　ピーターソンらは音楽の好みを分析し，アメリカではハイブロウな音楽（クラシックやオペラ）しか愛好しないとか，高級フレンチレストランしか行かないという排他的テイストだと，もはや俗物（スノッブ）と判断されるので，エリート層の人々は自分は俗物ではないことを示すために，たとえばジャズ（中間文化）を好んだりするようになったというのである．そしてこうした人々を文化的オムニボア（文化的雑食）とよび，クラシックやオペラのように特定のジャンルしか聞かない人々を文化的ユニボアと呼んだ（Peterson 1992; Peterson and Kern 1996）．

　文化的オムニボアの基本的特徴は，好みの複数性であり，「威信の高いハイカルチャーから威信の低い大衆文化までの幅広い文化趣味をもつオープンな志向性」（片岡2000）であるが，この定義はオムニボアとなった人々の美学的基準にまで踏み込んだものではない．

　ピーターソンらの文化的オムニボア仮説はエリートが大衆文化も摂取して文化的寛容になる仮説である（Bryson 1996；片岡2000）．各国で発見された文化的オム

第 2 章　文化的オムニボア（文化的雑食）とは何か

ニボアの特徴は，年齢が若く高学歴，高収入，高い職業的地位という社会的特徴を示していた（Warde et al. 1999；片岡 2000；Van Eijck 2001；Emmison 2003）．

　そして現代ではオムニボア仮説が多くの先進国で当てはまるということも検証されてきた．しかしながら，ピーターソンの文化的オムニボア仮説は，このあとの議論にもあるようにブルデューの理論を完全に否定できているわけではないことに注意しなければならない．その前に，日本の文化状況をみておこう．

## 4　日本は文化的雑食（文化的オムニボア）の社会か？

　文化的雑食性の日本における最も早い研究は，1990 年代の調査データを分析した片岡の一連の研究に始まる．たとえば，片岡による 1995 年 SSM 全国調査データの分析では，日本では音楽に限らず正統文化だけを好んで実践する人々，すなわちブルデューのいう「文化貴族」，いいかえればハイカルチャー・ユニボアは 20 歳〜 69 歳の日本人の 1.9 ％しかいないことが明らかになっている．そして日本人の約 68 ％が文化的オムニボアとなって，正統文化と同時に中間文化や大衆文化を実践していることが，明らかになった（片岡 2000）．これは現代でも同様で，2019 年時点の全国 18 歳〜 59 歳の同様のサンプリング調査でも文化貴族はごく少数であった．

　変化を厳密に比較するために，表 2-1 では 20 歳〜 59 歳に限定して，文化消費パターンの構成比率を比較している（片岡 2022）．ハイカルチャー・ユニボアは 1995 年で 1.1 ％，2019 年でも 1.5 ％で，年齢が若いほど少なくなっている．そして表 2-1 の層 2 と層 3 の合計値として文化的オムニボアを測定すると，1995 年で 20 歳〜 59 歳の 59.8 ％，2019 年では 59.6 ％が文化的オムニボアとなって主流であり，過去 24 年の間に大きな変動はない．イギリスでもベネットら（Bennett et al. 2009）の調査研究で 1990 年代にはすでに文化的オムニボアが主流になっているという．わが国も同じ状況にあるといえよう．

　1995 年の日本の SSM 全国調査からは，文化的オムニボアがエリート階級だけではなく，若者や中間階級へと広がりつつあると指摘されたが，正統文化が階層フリーに誰にでも広がっていったということではなかった（片岡 2000）．正統文化への参加・非参加がどういった社会的要因で決まるかを調べると，正統

23

表 2-1　文化消費パ

| 全国調査の実施年度 | | | | 1995 年 | 2019 年全国調査 | | |
|---|---|---|---|---|---|---|---|
| | | | | 20-59 歳 | 20-59 歳 | 年齢コホート別の参加率 | |
| 文化消費パターン | ハイカルチャー | 中間文化 | 大衆文化 | 1995 年 SSM 調査 n = 1944 | 2019 年 全国調査 n = 1200 | 18-29 歳 n = 232 | 30-43 歳 n = 442 |
| 層 1　ハイカルチャーユニボア | ○ | × | × | 1.1 % | 1.5 % | 0.0 % | 1.6 % |
| 層 2　ハイカルチャー＋中間文化 （文化的オムニボア） | ○ | ○ | × | 3.1 % | 8.8 % | 1.7 % | 9.3 % |
| 層 3　ハイカルチャー＋大衆文化 （文化的オムニボア） | ○ | ± | ○ | 56.7 % | 50.8 % | 53.4 % | 50.0 % |
| 層 4　中間文化ユニボア | × | ○ | × | 1.3 % | 3.7 % | 0.9 % | 5.0 % |
| 層 5　中間文化＋大衆文化 | × | ○ | ○ | 21.5 % | 22.6 % | 26.3 % | 20.6 % |
| 層 6　大衆文化ユニボア | × | × | ○ | 12.2 % | 9.3 % | 14.7 % | 10.4 % |
| 層 7　非参加層（文化的不活発層） | × | × | × | 4.1 % | 3.3 % | 3.0 % | 3.2 % |
| 合計（%） | | | | 100 % | 100 % | 100 % | 100 % |

＊＊p<.01
注 1）職業は事務・販売・保安・運輸通信，サービス・接客等を除く 3 カテゴリーで構成比を比較した．ブルー
　　　カラーは熟練・半熟練・非熟練職・農林漁業からなる．
注 2）「文化的オムニボア」は層 2 と層 3 に該当する．
出所）片岡（2022）

　文化活動への参加には階層的障壁があり，高学歴で高所得，そして子ども時代からの家庭を通じて正統文化に触れる経験が多かった人（相続文化資本が多い人）ほど成人後も美術館へ行ったりクラシック音楽を聴いたりと，正統文化に多く参加していた．いいかえれば文化の象徴的境界は社会的な地位と連動し，境界線は階層的な現象であった．より正確にいうならば文化資本と経済資本によって正統文化への参加に社会的な障壁が存在していた（片岡 2000, 2003）．

　これらの研究成果の中でも，子ども時代に家庭で獲得した文化資本（相続文化資本）が少ないと，学歴や職業の地位が高くとも成人になってから正統文化消費にはつながりにくいという結果が繰り返し検証され，確認されている（片岡 1992, 2019, 2000 ほか）．また 13 歳以降の経験では効果が無いことも日本とイギリスで証明されている．すなわち親から子への文化的な投資や家庭の中に蓄

**ターンの時系列比較**

| | 2019 年全国調査 | | | | | | |
| --- | --- | --- | --- | --- | --- | --- | --- |
| | 20-59 歳の属性別 | | | | | | |
| | ジェンダー** | | 平均年齢** | 平均教育年数** | 現職 | | |
| 44-59 歳 n = 559 | 男性 n = 485 | 女性 n = 720 | | | 専門職 | 経営・管理 | ブルーカラー |
| 2.0 % | 0.6 % | 2.1 % | 46.3 | 13.9 | 1.7 % | 0.0 % | 1.4 % |
| 11.1 % | 3.7 % | 11.9 % | 45.8 | 14.7 | 13.4 % | 5.1 % | 5.0 % |
| 50.6 % | 46.0 % | 54.6 % | 41.5 | 14.6 | 61.5 % | 60.3 % | 32.4 % |
| 3.8 % | 3.9 % | 3.5 % | 42.5 | 14.0 | 3.8 % | 2.6 % | 6.3 % |
| 23.3 % | 32.6 % | 15.8 % | 41.8 | 13.9 | 12.6 % | 24.4 % | 37.4 % |
| 5.9 % | 10.7 % | 8.2 % | 36.7 | 13.3 | 5.0 % | 6.4 % | 14.0 % |
| 3.4 % | 2.5 % | 3.9 % | 41.7 | 13.3 | 2.1 % | 1.3 % | 3.6 % |
| 100 % | 100 % | 100 % | 41.6 | 14.3 | 100 % | 100 % | 100 % |

積されてきた文化資本の受け渡しや相続という点では，子ども時代の環境がもっとも重要ということになる．子ども時代に経験したことのある芸術文化は，青年期や大人になってからそれを好きになり，実践したり参加したりする確率が高いのである．幼少期から小学生くらいの子ども時代の社会化体験の重要性をあらためて指摘することができよう．

## 5 文化的オムニボアは寛容性か，それとも卓越化の新しい形態か？

　第3節では文化的オムニボア（文化的雑食）となる人々は，自分たちとは異なるテイストや文化に寛容になっているという議論を紹介したが，これは高学歴

の人ほど政治的寛容性が高いというアドルノ（Adorno et al. 1950）やスタウファー（Stouffer 1955），リプセット（Lipset 1960）などによるよく知られた知見と一致している．

ブライソンは，人種問題と階級が相関するアメリカ社会において，政治的寛容性の議論を文化的寛容性に拡張して，音楽趣味における文化的オムニボアを解釈している（Bryson 1996）．すなわち異質な社会集団を社会的に排除する（嫌う）のは，その集団の文化が嫌いだからだと言う命題を，どの音楽ジャンルを嫌うのかというアメリカのデータで検証し，次の結果をえた．

アメリカ人の高学歴層ほど幅広い嗜好のパターンを示すが，彼らは同時にヘビーメタルやラップといった低地位の人々が好む文化スタイル[2]を排除していた．すなわち高地位者が文化的に趣味の幅を広げるという寛容さ（開放性）を示しつつも，特定の文化ジャンルを嫌って排他的になり，象徴的排除の戦略を用いていた．そして文化的排除の根拠はブルデューのいうような階級だけではないと指摘した．

イギリスのサヴィッジら（Savage et al. 2015）は，ピーターソンのいう「文化の雑食主義が文化的寛容性やクールの価値で多様性を称賛する時代になるという主張」を批判的にみている．文化的雑食者がポップカルチャーについて語る時，自分の知識や鑑賞眼を強く意識しているので文化的寛容性ではないという．そして高学歴の若年中流層が流行の音楽やコンピュータゲーム，ソーシャルメディア，スポーツを楽しみ高尚な文化には関心を示さないというが，この指摘は日本でも当てはまる（片岡 2022）．

もう少し具体的に説明しよう．文化的寛容性の意味自体も多様であるものの，文化的オムニボアをエリート層の側，いいかえれば社会の支配者層の側からみると，異なる2つの解釈が生まれている．

1つは，もともとは正統趣味だけを好むエリート層が文化的オムニボアになって多様な文化を受け入れていると言うこと自体が，エリート層が文化的に寛容になったという解釈で，もっとも一般的なものでもある．エリート層が寛容性を示すのは，世界がグローバル化して多様な国や人種との関係性が生まれ，多様な文化や異質な価値観を拒否していては生き残れないという時代的な変容に伴う変化の一部と解釈するものである．エリート層の正統的な美学的基

準を持ちつつも，それを緩めることで，異なる階層や異なる文化の人々を受け入れるという意味での，異質な他者の文化への寛容性なのである．その結果，この議論は従来は排他的であったエリート層が，時代の変化とともに多様な価値を受け入れる寛容な存在にならざるをえずに民主化したという議論へと発展する．「開放性への志向」という表現もここに含まれるだろう．

これに対して2つめの議論は，そうではなくエリート層で文化的オムニボアになる人々は，その美学的基準を保持し続けており，寛容になっているわけではないという解釈である．つまり正統趣味のクラシック音楽だけでなく，ポピュラー文化，たとえばロック音楽やヒップホップも好んでオムニボアになっていても，彼らは大衆的とされる文化の中からも美学的に卓越化した基準で作品を選んでおり，自分の好きな作品やアーティストについて詳しい知識をもち，その良さを雄弁に語るという側面が見られるというのである．すなわち元々持っている正統趣味の美的基準がポピュラー文化の内部の優劣や識別にも発揮されて，美的判断力の優れた人々であることに変化はない．いいかえれば文化による差異化や卓越化に高い関心をもって選択し，愛好しているというのである（Savage et al. 2015）．つまりこうしたエリート層のオムニボア化は，寛容性ではないというもので，彼らはさまざまなジャンルの文化を愛好しているので文化的雑食性を示すが，その内実は優れた美学的判断が働いて，大衆文化を選ぶのも卓越化戦略の一部であると考えている．雑食性は寛容性ではなく，新しいタイプの美学的ハビトゥスや卓越化戦略であり，サヴィッジらはこれこそ現代の新しい文化資本（新興文化資本）であるという．つまりここでは，美学的判断の基準（ハビトゥス）の有無とその新しさや性質が問題となっている．

このように海外では，文化的雑食性は新興文化資本 'emerging cultural capital' であるという議論が活発化している（Savage et al. 2015; Emmison 2003）．しかしFriedman ら（2015）も論じたように，文化的雑食性が本当に新興文化資本となっているのかどうか，その新しさについてはまだ議論は明確とは言い難い．なぜならオムニボアの表現や美学も，基本的にブルデューの枠組みと一致しているという指摘も存在する（Lizard and Skiles 2012）からである．さらに文化的雑食の議論は，ファッションや食など多面的領域で行われて，議論も多様で複雑化している．

ここでさらに注意して考えてほしい点は，これらの新興文化資本の議論と実際の調査で文化的オムニボアのカテゴリーとして**表 2-1** で析出されたカテゴリーに入る人々が同じではないということである．これは測定の問題やその難しさに原因がある．**表 2-1** のように，文化的オムニボアを「ハイカルチャーから大衆文化までの多様な文化を愛好する者」として分類し析出すると，文化的オムニボアに分類された人々には，美的感性や文化資本，象徴的排除の感覚，文化的ヒエラルキーへの無関心の点で異なる少なくとも 3 種類の異なる文化的背景と特徴を持った人々が含まれている（片岡 2022）．

　その 1 つめのタイプは，子ども時代あるいは親の代から正統文化趣味を持っている家庭で育ち，文化資本を蓄積してきた文化エリートで，自らの文化的識別力（美的判断力）には自信をもっているタイプである．その識別力でポピュラー文化の中からでも「良い趣味」の作品やアーティストを選んで愛好する．2 つめのタイプは，「文化的ホームレス」（Friedman 2015）と呼ばれ，子ども時代から大衆文化を好んで成長した歴史があり，正統趣味の経験が浅いため文化を識別する美的判断力（いわゆる文化資本）に乏しいタイプである．彼らは，たとえば職場や新しい家族など周囲の環境の変化やその影響によって，正統趣味を実践するようになった人で，その正統文化の履歴は短い．このタイプは元々大衆趣味であったために，自分の文化的識別力（美的判断力）に自信がもてないという特徴をもっている．3 つめのタイプは，文化的な優劣や差異に関心を持つほどに文化を経験したことがないので，美的判断力はないのだが，他人志向や他者同調によって，流行の文化をフラットに取り入れることに抵抗感のない人である．こだわりが少なく，まんべんなく流行を知っていることに価値を置くのと，自分が何を好きかということにこだわりを持つほどに文化資本を蓄積してこなかったという特徴がある．卓越化とは無縁の「なんでもあり」「なんでも試してみよう」の雑食的テイストの人々であるといえよう．何でも取り入れた結果として，文化的オムニボアに分類されている．

　文化参加への指標だけから分類された文化的オムニボアには，この 3 種類の異なる美的ハビトゥスをもつ人々が 1 つのカテゴリーに入ってしまっている．しかしながら，1995 年 SSM 調査を分析した片岡によれば，文化参加の指標から文化的オムニボアに分類された人々は，ほかの大衆文化ユニボアなどと

第 **2** 章　文化的オムニボア（文化的雑食）とは何か

異なり，明確に高学歴で，高所得であることが報告されている．

## 6　「ゆとりのハビトゥス」から「ファスト教養」の時代へ

　ピーターソンが提示した文化的オムニボア仮説の登場とそれ以降の各国での
検証の結果，ブルデューの理論の特徴である社会的ヒエラルキーと文化的ヒエ
ラルキーの対応という前提が否定されたかのように解釈されることもあった
が，実際のところ，文化の測定方法によっても，また美学的判断をどうみるか
によっても，ブルデュー理論が否定されたと結論づけるには，十分な資料があ
るとはいえない．むしろ社会的地位と文化実践との複雑化した対応関係や，そ
の現代的特徴を明らかにすることが求められている．

　文化の測定を，ジャンルへの嗜好や実践への参加・非参加で測定するのがこ
れまでの通例であったが，それだけではそこで作用している美学的判断基準が
卓越化したものかどうかは明確にはわからないということがあるからだ．たと
えばヒップスターが好むノームコアというファッションのスタイルは，裕福で
おしゃれな都会の青年がそれを好んで着ている場合と，労働階級の青年が目立
たないノームコアを着ているのとでは，外見は似ていても消費様式における美
学的基準は大きく異なっている（Frieadman et al. 2015）．何を着ているかだけで
なく，どのような美意識（美的性向）をもってそれを選んでいるか（立場決定）
ということが，ハビトゥスを理解する上で重要であることがわかるだろう．

　さらに文化的雑食者が従来の伝統的で正統的な美学的基準を用いているの
か，それとも，卓越化のための美学的基準そのものが変容したのかという点に
おいても，議論は複層化し，各国で検証が積み重ねられているところであり，
詳しくはレビュー論文などを参照されたい（片岡 2022，2023a）．

　これまでみてきたように文化的オムニボアとそのハビトゥスを量的調査だけ
で測定することにはかなりの難しさがあるが，近年，質的な調査も増えてお
り，その世界的動向をまとめると，文化的オムニボアは次の 7 つの特徴を示
すことが明らかになってきた（片岡 2022）．

① テイストの幅広さと多様性

② 消費の貪欲性

③ 多様性への開放性と民主性，文化的・政治的寛容性

④ ジャンルを問わない識別力

⑤ 特殊なものの選択と識別

⑥ 新しい美学的感性

⑦ 文化的ヒエラルキーの改変・創造

　これらの文化的雑食性の特徴は一貫した単一ハビトゥスではなく，相互に矛盾する論点もある．

　少し説明すると，②の消費の貪欲性という特徴は，余暇活動の参加の範囲と頻度から構成された指標によって測定されたものだが，現代のエリートのライフスタイルが，ブルデューのいう「ゆとりのハビトゥス」ではなく，消費の貪欲性に変化してきたという（Sullivan and KatzGarro 2006）．たしかに現代では倍速で動画をみたり，ファスト教養といわれるように，できるだけ多くのコンテンツや情報の知識量によって卓越化しようとする人々が増えていることも事実である（レジー 2022）．情報化時代における卓越化戦略の1つの形態であるといえるだろう．

　また④のジャンルを問わない識別力というのは，そもそも文化的雑食者というのは高尚な作品でも大衆的な作品であってもジャンル内の違いだけでなく，ジャンル間の違いにも特別な知識をもつ人々であるとウォードらは述べる（Warde et al. 2008）．

　⑤の特殊なものの選択と識別と⑦の文化的ヒエラルキーの改変・創造というのは，たとえばあまり誰も知らないような地域の産物（たとえばトルコのワイン）の中から，特殊で変わったものを識別してその真正性を見極め，特別に評価することで人々の一般的なテイストのヒエラルキーを改編したり，あらたな正統を創造するという，クリエイター的な作業を行なう場合である．専門家や編集者，ジャーナリストたちがこれを行なうことで，商品のフレーミングの認識を変える試みを行ない，それによって自らも卓越化することが可能となる．

第 2 章 文化的オムニボア（文化的雑食）とは何か

## 7 現代の文化資本とは何か

文化的雑食性とは文化的卓越化の新しい形態なのだろうか．そうだとすれば，現代における文化資本とは何であろうか．

文化的な慣習行動の中でも卓越化したものの象徴的記号が時代や地域によって同一ではなく変容することは，ブルデュー自身が述べている．たとえば「日本やアメリカの知識人はフランス料理が好きであるような顔をしたがるのに対して，フランスの知識人は中華料理や日本料理のレストランに行くのが好きであるとか，東京やニューヨーク五番街のしゃれた店はしばしばフランス風の名前をつけているけれども，パリのフォーブール・サン＝トノレ街のしゃれた店は「ヘアー・ドレッサー」といった英語の表示を掲げているとか，そういったことです」（Bourdieu 1994=2007）．

たしかに卓越化や象徴的支配のために使用される記号もコンテンツも固定的なものではないが，歴史的に評価され蓄積された文化資本は安定的な要素をもっていることは確かである．たとえば，制度化された文化資本である学歴資格は労働市場における重要な指標となって人々を選抜し配分する機能を果たしている．そしてラモンとラローがいうように文化資本を「広く共有された社会的・文化的排除に用いられる文化的記号」（Lamont and Lareau 1988）として定義することも，間違ってはいない．ただし注意すべきことは，卓越化したテイスト・趣味というのは日常的に誤認され気づかれにくいものであるということである．すなわち当の本人たちがそのことに無関心であることも多く，無意識に行なっている日常的実践のなかで自然に卓越化が起きているので自覚的なものではないことが多い．必ずしも意図的な文化的排除のために，趣味やテイスト，そして実践が行なわれているわけではないという意味である．

しかし自分と異質なテイストに出会った時には反感や嫌悪，否定の感情が表れ，とくに文化資本の劣る者にそれは顕著にみられるという．ほかとの関係性の中で，好きや嫌いという嗜好が存在するとすれば，テイストを他者との関係性に照らして調べることが重要になる．

ここでブルデューのハビトゥスと実践の関係の公式を提示しておこう．

31

ハビトゥス・資本＋場＝実践

　文化資本やハビトゥスも，それがどのような場（＝界）で使用されるかによっ
て，異なる実践となって現われるので，一義的に標準化した内容や実践を文化
資本として提示することは困難であるが，その試みができないわけではない．

　身体化された形態の文化資本のなかでも，美的性向，倫理的・道徳的性向は
文化資本や卓越化したハビトゥスを構成する重要な要素となる．これら以外
に，現代における文化資本は，知的柔軟性，合理的思考，民主的で寛容性の高
いコスモポリタン資本，再帰的ハビトゥス，情報知識量だけでなくその真正性
の識別力，コミュニケーション・スキルやネットワーキング能力などの社会性
と共同性の能力，創造的思考やクリエイティビティ，地球規模の空間全体を視
野に入れる包括的思考など，多様に定義できるだろう．

　なにより社会や技術の変化にともない，経済資本を獲得するために有効な文
化資本が学歴だけではなくなっている可能性があることを考慮しておいたほう
がよい．おそらく今後さらに生まれるであろう新しい文化資本とは，現在の延
長上にある知識経済・情報革新・生成 AI をベースとした産業と社会という変
化の激しい新時代に対応でき，なおかつ人間的であるような能力と知性，倫
理，情緒がその要素，性向として求められるのであろう．そして現代的な産業
や人類の構築したインフラが機能しなくなるような地球規模の災害が起きるよ
うな場合には，また別の能力が文化資本として求められるのかもしれない．


## 注

1）ブルデューのいうように社会的な闘争とは，社会界の意味をめぐる分類闘争である．ど
　ういった知覚評価図式（＝ハビトゥス）で対象を分類し，評価するのかという部分にこ
　そ，蓄積された美的判断力が用いられ，卓越化と差異化が生じる．そして象徴的排除を
　も伴うテイストの問題は，それぞれが所属する界（＝場）の目標が何かによっても異な
　ることにも注意が必要である．
2）現代では，ラップやヒップホップの地位は若者の間でとくに変化し，評価は高まってい
　る．高学歴層ほどラップを支持している（片岡 2023b，第 4 章参照）．

## 第 2 章　文化的オムニボア（文化的雑食）とは何か

### 参考文献

Adorno, T. W. et al., 1950, *The Authoritarian Personality*, Harper & Brothers.（＝1980, 田中義久ほか訳『権威主義的パーソナリティ』青木書店.）

Bennett, T., M. Savage, E. Silva, A. Warde, M. Gayo-Cal and D. Wright, 2009, *Culture, Class, Distinction*, Abingdon.（＝2017, 磯直樹ほか訳『文化・階級・卓越化』青弓社.）

Bourdieu, P., 1979, *La Distinction: Critique sociale du jugement*, Minuit.（＝2020, 石井洋二郎訳『［普及版］ディスタンクシオン——社会的判断力批判Ⅰ・Ⅱ』藤原書店.）

ベンヤミン, ヴァルター 2013, 浅井健二郎, 久保哲司訳「複製技術時代の芸術作品（第二稿）」『ベンヤミン・コレクション1　近代の意味』筑摩書房.

Bryson, B., 1996, ""Anything but Heavy Metal": Symbolic Exclusion and Musical Dislikes," *American Sociological Review*, 61（5）:884-899.

Emmison, M., 2003, "Social Class and Cultural Mobility," *Journal of Sociology,* 39: 211-230.

Friedman, S., M. Savage, L. Hanquinet, and A. Miles, 2015, "Cultural Sociology and New Forms of Distinction," *Poetics,* 53：1-8.

片岡栄美, 1992,「社会階層と文化的再生産」『理論と方法』, 7（1）：33-55.

———, 1996,「階級のハビトゥスとしての文化弁別力とその社会的構成——文化評価におけるディスタンクシオンの感覚」『理論と方法』11（1）：1-20.

———, 2018,「文化的オムニボア再考——複数ハビトゥスと文脈の概念からみた文化実践の多次元性と測定」『駒澤社会学研究』50:17-60.

———, 2019,『趣味の社会学　文化・階層・ジェンダー』青弓社.

———, 2000,「文化的寛容性と象徴的境界——現代の文化資本と階層再生産」今田高俊編『社会階層のポストモダン』（日本の階層システム5）東京大学出版会, 181-220.

———, 2022,「文化的オムニボアとハビトゥス, 文化資本——文化的雑食性は新しい形態の卓越化か」『教育社会学研究』110:137-166.

———, 2023a,「分野別研究動向（趣味［テイスト］の社会学）——ブルデューからポスト・ブルデューの文化社会学を中心に」『社会学評論』74（2）, 332-346.

———, 2023b,「若者たちの趣味判断と趣味の差異空間——ACG趣味, アイドル趣味, ヒップホップ系および正統趣味の関係性」『駒澤社会学研究』61:33-58.

Lamont, M. and A. Lareau, 1988, "Cultural Capital: Allusions, Gaps and Glissandos in Recent Theoretical Developments," *Sociological Theory*, 6（2）：153–168.

Lipset, S. M., 1960, *Political Man: The Social Bases of Politics*, Doubleday.（＝1963, 内山秀夫訳『政治のなかの人間——ポリティカル・マン』東京創元社.）

Lizardo, O., and S. Skiles, 2012, "Reconceptualizing and Theorizing 'Omnivorousness' Genetic and Relational Mechanisms," *Sociological Theory*, 30（4）：263–282.

Peterson, R., 1992, "Understanding Audience Segmentation: from Elite and Mass to Omnivore and Univore," *Poetics*, 21: 243-258.

Peterson, R. and R. M. Kern, 1996, "Changing Highbrow Taste: from Snob to Omnivore," *American Sociological Review*, 61: 900-907.

レジー , 2022,『ファスト教養 10 分で答えが欲しい人たち』集英社新書 .

Savage, M., N. Cunningham, F. Devine, S. Friedman, D. Laurison, L. McKenzie, A. Miles, H. Snee, and P. Wakeling, 2015, *Social Class in the 21ˢᵗ Century*, Penguin Books. (＝2019, 舩山むつみ訳『7 つの階級　英国階級調査報告』東洋経済新報社 .)

Stouffer, S. A., 1955, *Communism Conformity and Civil Liberties: A Cross-Section of the Nation Speaks Its Mind*, Doubleday.

Van Eijck, K., 2001, "Social Differentiation in Musical Taste Patterns," *Social Forces*, 79 (3): 1163-1185.

Warde, A., L. Martens and W. Olsen, 1999, "Consumption and the Problem of Variety: Culture Omnivorousness, Social Distinction and Dining Out," *Sociology*, 33: 105-127.

Warde, A., D. Wright and M. Gayo-Cal, 2008, "The Omnivorous Orientation in the U. K.," *Poetics*, 36 (2-3): 148-165.

第**3**章

# 文化資本の揺らぎと境界感覚の測定
## ——CD ショップの利用調査をもとに

南田 勝也

## 1 ハビトゥスについて

### （1）性向，ハビトゥス

　個人が対象を見たときに何を感じとるかということや，ある出来事に対して
どう行動するかということは，万人に共通したものがあるわけではない．人そ
れぞれで異なった感じ方やふるまいをするというのが，個性を尊重する社会で
は当然の見方だ．とはいえ，ある個人が，対象が変わるたびに，出来事が生じ
るたびに，まったく異なるランダムな反応をするということも考えにくい．人
は，こんなときにはこう反応するものだという自分なりの基準やパターンを
もっていて，だいたいはそれに従って理路整然と生きている．そうした知覚や
行動におけるクセともいえる「その人ならでは」の傾向は，とくに特徴的で
あったりすると，他人から，また自分自身の意識としても，「本性」や「生ま
れついての性（サガ）」とみなされて，生得的な気質に還元されたりする．

　しかしここで議論したいことは，そのような「本性」のありかをつきとめる
ことではない．なぜならば，社会的な生き物としての人間（行為者）は，他者
とコミュニケーションをしてはじめてその「性格」が同定されるからである．
人がひとりでいるときに「本性」を発揮した知覚や行動を行ったとしても，誰
も見ていなければ社会的にその「性格」は存在しないのと同じだ．誰かに気づ
かれたり指摘されたりすることではじめて，「この人は付き合いやすい性格だ」
「こういう場面であの人の性格は生きる」といったような評価が生まれ，また
自己の認識にも発展する．そうして社会的に表出する性質というものは傾向性

35

を帯びていき，「こんなときにはこう反応するものだという自分なりの基準やパターン」に到達する．

　これを，「本性」や「性格」など個人的・生得的とみなされやすい言葉と分けて「性向」（disposition）と呼ぶ．人の「性向」の形成にとって，他者との関わりが必須であるわけだが，では，その関わりを持つ他者とは一体どんな人であるだろうか．完全にニュートラルな立場から，何の偏向もなく自分に進言してくれるのだろうか．社会学的にはそれはあり得ない．社会はさまざまな層で区切られており，社会的出身（階級や階層）や地域，家庭環境，教育機関など，何らかの特徴を有した集団のいずれかに人は属している．異なる社会層にはそれぞれのコミュニケーション様式が存在していて，それと意識されることもなく「その場に見合った」感覚やふるまいが要請され，「わたしたちにとっての」善行や美徳が身についている．したがって，どのような社会環境で育ったかによって，どのような集団的特徴を持つ人と接したかによって，「自分なりの基準やパターン」も一定の制約を受けている．

　この社会環境のなかでつちかわれた性向の体系が，ピエール・ブルデューの述べる「ハビトゥス」（habitus）である．このハビトゥス概念の要諦は，人が，主体的に選んだと思い込んでいる趣味や嗜好，また慣習的に行っている会話や仕草も，その実，社会構造の配置位置によって規定されているということにある．戦後の民主主義社会においては（少なくとも建前としては）民衆ひとりひとりの意思決定が重要であると教えられてきたので，ブルデューのハビトゥス概念は，反動的もしくは露骨な論理として議論を呼び起こしもした．しかし，経済資本を潤沢に所有した富裕層と，ほとんどもたない貧困層では，知覚や行動が異なることは明白であるし，芸術的価値の高い文化作品に日頃から触れている層と，そのような文化資本（capital culturel）に触れる機会のない層では，ものごとの評価の仕方が変わってくるのはこれも明らかである．『ディスタンクシオン』（Bourdieu 1979=2020）は，そうした「卓越化」（distinction）の全容を定量的・定性的な手法を駆使して分厚く記述した一冊であり，ハビトゥスの機制を解明した．

## （2）5人のグループ（たとえ話）

　たとえ話をしよう．ある観光地に，同じ大学のゼミの5人が旅行に出かけた．その観光地は交易の港として栄えた歴史を持ち，丘の上には外国人が居留した洋館が建ち並んでいる．現在では，ひとつひとつの邸宅に名前が与えられ，持ち込まれた舶来品が飾り付けられ，観光客が入館して楽しむ観光名所となっている．

　5人は，もっとも目立つ大きな館にそれぞれ1200円の入場料を払って観覧した後，次の館に入るかどうかで揉めていた．次の目的の館は800円と比較的安価だったが，入り口まで来ておいてAが「自分は入らない」と突然言い出し，ほかの人たちを困らせていたのだった．とりわけ怒っているのはBだ．

B「ちょっとAくんさあ．いったいどういうつもり？　みんなで，今度の
　旅行では見て回れるところ全部回るぞって話したじゃない」
A「いいから俺のこと気にせず見てくればいいじゃん．俺はここで待って
　るからさ，放っておいてくれよ」
B「そんなわけにいかないでしょ」
　　ほかの三人は，刻々と時間が過ぎていくのを気にしつつ，どちらが言
　い負かすかを見守っている．Aはなぜ和を乱すことを言うのか，心の内
　はこうだ．
A「別に金がないってわけじゃない．だけどこんなのどうせ似たような展
　示だし，建物変わるごとに別料金って，観光客から金を巻き上げようっ
　て魂胆が見え見えじゃないか．単に昔外国人が住んでたってだけの家を
　ありがたがるのも日本人の悪いクセだ．だいたいさっきのなんとか邸，
　アンティーク家具なのはわかるけど，やたら装飾を凝らして座りにくそ
　うな椅子，そんなの並べてるの見たところで何にも思わないんだよな．
　あれなら併設のカフェにあったシンプルな椅子のほうがよっぽどいい
　よ．それから館内に流れてた音楽．クラシック音楽なんて眠たくなるだ
　け．入場料払って見る値打ちなんてないね．」
　　一方Bは次のように考えている．
B「さっきの邸宅，当時の家具がほとんど残っているなんて，ほんとに来

た甲斐があったわ．グランドピアノのあったあの広い部屋で晩餐会をしてたんだろうな．やっぱり絨毯から天井の照明まで当時のままだからかな，目をつむるとタイムスリップしてこの邸宅の住人になったみたいな，そんな雰囲気になっちゃって，リアルな生活が感じられたのがほんとに良かった．それから音楽．ちゃんと当時作曲された室内楽を流していたのは見逃せないわ．みんなはそれに気づいてなかったみたいだけど……．それにしてもAくんはんでなんであんなに強情を言っているんだろう．あんまり面白くなかったのかな．」

　結局，館にはAとCは入らず，BとDとEが入場した．Cは，Aと同じ勤労学生で，アルバイトを3つ掛け持ちしているせいかコスパを常に気にかけており，さきほど入場した邸宅で過ごした30分は1200円に見合わないと判断していた．Dは，芸術や古いものの価値はわからなかったが，周りから度量の狭い人間と思われたくなかったのでBに従うことにした．Eは，Bに憧れており，なんにせよBのそばにいてそのゆとりあるふるまいに倣いたいと考えていたので，迷うことなくBについていった．

　5人のグループが連れだって旅行に行くことは二度となかった．

───さて，あなたはこの5人なら誰に近いだろうか．A〜Eのハビトゥスを示しておくと，Aは経済資本−・文化資本±0，Bは経済資本＋・文化資本＋，Cは経済資本やや−・文化資本やや−，Dは経済資本±0・文化資本−，Eは経済資本やや＋・文化資本やや＋の社会的布置にいる．

## 2　卓越化について

### （1）文化資本，ハビトゥスの循環構造

　上記したたとえ話では，文化資本の所有／非所有がハビトゥスの形成に大きく影響を与えることを示している．文化資本も資本と呼ぶからには蓄財が目指されるわけだが，客体化された文化資本（絵画・書物・家具・楽器など）を収集すればそれでいいというわけではなく，身体化された文化資本（教養・知識・趣味・

感性など）も身に付いていなければならない．教養や知識には制度化された学識（学歴・資格など）から世間知まで幅広くあり，趣味には高尚なものから低俗なものまであり，感性には上品なものから粗野なものまであるが，歴史的・構造的に正統性を認められてきた学識や高尚さ，上品さが，いかに身体化されているか．これが文化資本を所有していることの社会的な証となるわけである．

　なお，この身体化された文化資本は一朝一夕で身につくものではない．いわゆる「育ちの良さ」を示す思慮深く洗練されたふるまいというものは，生活苦や競争状態に置かれた人たちには金銭的にも時間的にも敷居が高く，生まれたときから貴族的な環境に囲まれていなければ獲得は難しい．成り上がりの実業家が貴族のパーティーに出席して素養の低さを馬鹿にされるシーンを映画などでみかけるが，金があるだけでは社会的に卓越した存在となることはできない．また，なにが正統な芸術かという選別の基準も，さまざまな芸術品に触れる経験をしていなければ持つことは難しい．芸術の美の神髄などというものは秘匿のベールに包まれていて，誰かが教えてくれるわけではない．ピアノや知的書物のそろう家庭に育っていること，高等教育を受けていること，アートイベントに招待状で出席すること．これら複合的な文化的な財産＝文化資本を継承しているものでなければ，芸術を感受する資格をもつことはできない．

　このことは，ハビトゥスがいったん形成されれば別のハビトゥスに移行しにくいことも物語っている．ハビトゥスは，文化資本を集積する作用をもつだけでなく，文化資本の獲得を拒絶する作用も促すからである．ハビトゥスは循環する．つまり，現実世界の階級構造は「あれに届く／届かない」という形で客観的境界が引かれているが，自身の所属階級の慣習行動やふさわしい行為を内面化するに伴って「私たち向きである／私たち向きでない」という主観的な境界感覚になる．さらにそれは，自分が排除されているもの（財産や人間関係や場所）から自らを排除する「自分の場所の感覚」に至る．そうして受け入れた「自分の場所」から，物事を「社会的な眼」を通じて見渡すことによって，現実世界の階級構造はより客観性を増した境界として現前する．そして客観的境界は「あれに届く／届かない」の線引きを強化して……と，循環していく．

## （2）5人グループの続き

さきほどのたとえ話を用いて説明すると，Aは，はっきりとした自分の意思で「ここは私（たち）向きではない」と判断して，館そのものと館の展示物の価値を拒絶している．入場料は少額であり，本人の自意識としてもお金の問題ではない．館の外のベンチに腰掛け，入場した3人が出てくるのを待ちながら，同じく館に入らなかったCととりとめのない会話をしている．そしてその「自分の場所」を心地よく感じている．

Bにとっては，入場する選択をしたという感覚すら持っていない．そこに入場するのは当たり前のことであり，そこで待っているアンティーク家具やクラシック音楽の響きもごく日常的に触れているものである．「あれに届く」のは前提なのであって，そこに疑問を持つ考え方が世の中にあることに思念が及んでいない．最初に入った館は文字通り「自分の場所」であって，次の館に入っても同様の感覚が生じることを期待しているだけだ．

BがAに対して怒ったのは，入館直前にAが拒絶したことだけでなく，旅行初日の昨晩，安い居酒屋にみんなを連れて行こうとしたからだ．せっかく旅行に来て雰囲気の良いレストランやオシャレなカフェもあるのに，なんで酔っ払いがたむろしている下品な大衆居酒屋に入ろうとするのか，まったく理解できず，Eとふたりで，やんわりと，しかし毅然とした態度で反対したのだった．

ところでDはというと，そもそもこの争いの場にいない．音楽はとくに趣味でもないしクラシックもJポップも知らないものは知らない．アンティーク家具を眺めることも，テーマパークのオブジェを見ることとそう変わらず，別に心が躍るようなことはない．親も平凡な中流家庭だし，自分も普通に生きていければそれでよい．とはいえ実をいうと昨晩は大衆居酒屋に惹かれたのだったが，BとEの「せっかくの旅行なんだし」の言葉に，それもそうだなと思い直して，そちらに加勢した．


## （3）卓越化の条件

さて，ここまでブルデュー理論の解説と，たとえ話を通じた現代日本における例示をしてきたが，根本的な疑義を投げかけてみよう．それは，この5人のグループで，社会的に卓越化しているのは誰か，という問いである．

これがブルデューの構想した 1960 〜 70 年代のフランス社会であれば，間違いなく B である．ヨーロッパは階級社会の仕組みが根強く残っている国が多く，戦後没落したとはいえ貴族階級が威勢を保ち，伝統と格式に対する敬意が払われている．テレビや週刊誌が提供する軽音楽や大衆娯楽はその人気に反比例して一段レベルの低いものと看做されている．そのような社会構造のもと，経済資本も文化資本も潤沢に蓄える社会的存在は，あらゆる「象徴闘争」(luttes symboliques) ——物理的に闘うわけではなく，社交の場などで自身の資本を誇示することで優劣や格付けを争うゲーム——において有利にことを運べる．E は B に憧れているが，それは B が普段から「気品」や「気高さ」などの身体化された文化資本をちょっとした仕草や言葉の端々で周囲に振りまいているからだ．

また，A にも卓越化の可能性はある．A は貧困層出身であるが，文化に対するまなざしとして，商業主義に懐疑的で，権威を否定する形で独自の「審美眼」を鍛えているふしがある．A にアートの才能があればという仮定になるが，名声を得る作品を生み出す資質はある．芸術の世界では，鑑賞者は裕福であることが前提としても，アーティスト自身はむしろ真逆の立場であることが珍しくない．すなわち，金に頓着せず，権威におもねることをせず，無私無欲に芸術のために命を賭けることの出来る存在が尊ばれる．歴史的に見て，生活が窮乏するなか画期的な作品を世に送り出した画家や作家が一定の割合で存在するのはそのためだ．

翻って，2020 年代の現代日本の社会構造で考えてみると，同じようには看做せないかもしれない．日本は，新自由主義に基づく国家政策が 20 年以上続くうちに，経済資本を有する富裕層のみが卓越者であるという価値観がすっかり蔓延してしまった．慎ましさの美徳はその矜持を失い，成金ぶりをひけらかす金持ちの SNS にフォロワーが群がり，「勝ち組」の身も蓋もない論理を書籍にしたものがベストセラーになっている．一方で文化は「平準化」が進行し，ほとんどのコンテンツがデジタル化されて，文化を所有する感覚は遠ざかっている．いまだ西洋の正統文化や日本の古典芸能の威厳は高いといえるものの，そうした公演に実際に出かけてもほとんどの場合ドレスコードが要求されるわけでもなく，なんとなればクラシックコンサートよりもアイドルのライブのほ

うが（ライブ用の服やグッズを購入するため）実費がかかるくらいだ．

　このような状況下では，高尚な趣味の持ち主であろうが低俗な趣味の持ち主であろうが，それによって人間性が安く見られることは生じにくく，象徴闘争の切り札ともならない．とすれば，卓越化の可能性を秘めているのはCということになろうか．Cは何につけても合理性で判断するタイプなので，将来的にビジネスで成功を収めることは想像に難くない．もしくは，趣味を持たず人間関係を重視するDのタイプが，社会関係資本の蓄えに成功して卓越化する可能性もある．Bの上流趣味は，もちろんそれが裏目に出ることはないとしても，現在の日本社会では「アンティーク沼にはまっている人」「クラオタ」として奇特な人物のレッテルを貼られるかもしれない．

### （4）文化資本の揺らぎ

　この推論からなにか教訓めいたことを引き出すとすれば，ハビトゥスは否応なく形成されるとして，どのハビトゥスが有利に働くかは，当該社会のアドホックなヒエラルキー構造に依るということだ．経済的卓越者が有利な面は普遍的だが，文化的卓越者の有利不利は変動する．もう少し詳しく言うと，何が優れた文化なのかの基準が揺らいだ社会では，どのような文化財を資本として蓄積するのが正解か，見通しを立てにくいのである．

　とはいえ，制度化された文化資本（学歴・資格など）については，日本で強固なヒエラルキー構造を維持していることもいえる．また，緊張する場面でゆとりあるふるまいができる身体化された文化資本（教養・知識・趣味・感性など）は，いざという時に強みを発揮する．現在の日本で経済勝者が幅を利かしているといっても，それは政治の動向と関連しているので，国家の方針の舵取りが変わればまた違ったビジョンが見えるだろう――社会はそろそろ「勝ち組」の品のなさや学術を軽視する態度にあきれはじめている．

　つまり，揺らいでいる基準とは，客体化された文化資本（絵画・書物・家具・楽器など）についてである．ポピュラーカルチャーのデジタル化はすべてを平準に均してしまったし，高級アートにしても，NFT（非代替性トークン）の登場によって芸術の投資目的化が露骨になってしまっている．文化作品のデジタル化は時代の趨勢であり，これに関しては逆戻りすることはないであろう．

第 **3** 章　文化資本の揺らぎと境界感覚の測定

このような場合，社会的行為者の境界感覚はどこで経験されるのだろう．本節のはじめにハビトゥスの循環構造を解説したが，行為者が，文化作品に触れたときに，「私たち向きである／私たち向きでない」という主観的な境界を感じることが，ハビトゥスの強化につながるのであった．

## 3　音楽の優劣

### （1）優等・劣等・平等の意識

文化作品の平準化が進行し，どちらが上でどちらが下かという差異化を為せないとすると，境界感覚，すなわち「私たち向きである／私たち向きでない」の線引きをする強い主観はどこで経験されるのか．この問いに答えるために，ここからは架空のエピソードではなく，定量調査のデータを用いて考えていく．なお，検証する表現文化は音楽に絞ることにする．音楽は数多ある芸術・芸能表現の一領域であり文化資本の有り様を部分的にしか象徴していないが，①歴史的に上流向け／大衆向けに分化して発展してきたこと，②早々とデジタル化し平準化の進行度合いが著しいことの二点から，音楽を選ぶ．

実際のところ，定量調査（アンケート調査）では，当該社会における極端な上流層や下流層の動向を捕まえにくい．郵送法でも訪問留置法でもウェブ調査モニターでも，極端な階層の回収率は低く，実態を把握するに至らないからだ．したがって，定量データを用いてブルデュー理論の全体像を説明することは困難なのだが——であるからこそ前節までたとえ話を用いてきた——，現代人がいつどこで境界感覚を経験するのかというピンポイントの問いであれば仮説を構成することができる．ハビトゥスは，際立った境遇を生きる人々の際立った特徴ではなく，社会的行為者であれば誰しもが有している傾向であるからだ．

まず 2012 年青少年研究会調査（杉並区と灘区・東灘区に住む 16 歳から 49 歳までの男女を対象，サンプル数 1726 名）のデータを参照する．この調査では，音楽に関連する質問項目を多数用意していて，そのなかに次の質問文がある．「あなたは，自分の聴いている音楽（ミュージシャンやジャンル）が，ほかの人の聴く音楽より優れていると思いますか」．自己の音楽へのプライドを訊くと同時に，他者へのアピール意識を問うている．回答の選択肢と実査後の比率を示すと，

43

「強く思う」が 9.4 ％，「まあ思う」が 20.7 ％，「あまり思わない」が 23.2 ％，「まったく思わない」が 4.8 ％，「そんな風には考えない」が 41.9 ％であった．

「そんな風には考えない」の選択肢は，音楽に自己を投影しない層，また仮に自己の投影を感じていたとしても，音楽文化には「すべての音楽は分け隔てなく素晴らしい」という観念が存在しているので，そうした立場をとる層に向けて用意したものである．これがもっとも多かったが，肯定回答を「優等」(30.1 ％)，否定回答を「劣等」(28.0 ％)，五番目を「平等」(41.9 ％)と区分けすると按分の良い回答分布になったので，分析に用いた．なお，男女差はなく，年齢は 10 代後半に「優等」と答える傾向があり，そのほかの年齢層では有意差はなかった．

この「優劣平意識」については別稿でアイデンティティ関連を中心に分析している（南田 2019）が，ここでは，自分の選んだ音楽が優れているとかいないといった判断をする場所やタイミングについて知りたかったので，「音楽に関わる行動」「音楽情報を得る媒体」とのクロス集計を行った．

表 3-1 の結果を見ると，音楽に関わる行動の項目では，優越意識を醸成しているのは，CD を購入し，コンサートやライブに行き，楽器を演奏するといった，金銭をかけ時間をかけている「音楽に本気な」人である．

しかし，音楽の情報を得る媒体の項目に目を移すと印象が変わる．ここで優越意識が有意に高いのは，CD ショップ（店頭）のみである．テレビから情報を得る人たちが劣等意識も強いことはわかる．マスメディアの供給する情報を受け取ることは自負心を高めることもあるが，「自分なんてテレビで音楽を観るくらいですから」という低姿勢の心理も導きやすい．インターネットはテレビと比べると双方向的で能動的な情報取得メディアだが，同時にフラット化されているので，決定的に優越意識を高めるには至っていない．ほかの媒体は，自分から能動的に情報を得る場合も受動的に情報を受け取る場合もあるが，有意差はない．

このことは 1 つの仮説を生む．CD ショップの店頭は，音楽がセレクトされていくつものコーナーに分けて並べられ，自分の目的次第で「立ち寄る／立ち寄らない」を決められる場所である．そこに直接，自分の身体を運ぶこと，これが音楽を差異化して選択する意識に関係しているのではないか．この先のエ

第 **3** 章　文化資本の揺らぎと境界感覚の測定

表 3-1　音楽の優劣平×音楽行動・音楽情報のクロス集計結果

| | | 全体 | 優等 | 劣等 | 平等 | 検定 |
|---|---|---|---|---|---|---|
| 音楽に関わる行動 | 好きな音楽の CD を購入する | 42.9 | 54.5 | 37.5 | 38.3 | *** |
| | 月に 1 回はカラオケで歌う | 22.1 | 26.4 | 20.7 | 20.0 | * |
| | 年に数回以上はコンサートやライブに行く | 21.7 | 31.2 | 19.0 | 16.7 | *** |
| | 月に 1 回は CD レンタル店を利用する | 21.3 | 24.7 | 22.2 | 18.4 | * |
| | 楽器を演奏する | 15.3 | 20.6 | 10.6 | 14.6 | *** |
| | 年に 1 回は音楽フェスに参加する | 7.2 | 8.1 | 7.0 | 6.8 | n.s. |
| 音楽の情報を得る媒体 | テレビのタイアップ（CM や主題歌） | 54.0 | 53.2 | 58.6 | 51.5 | * |
| | テレビの音楽番組 | 48.6 | 53.0 | 52.4 | 43.0 | *** |
| | インターネット | 50.9 | 55.1 | 49.3 | 48.9 | n.s. |
| | 友人・知人 | 37.3 | 40.8 | 35.0 | 36.2 | n.s. |
| | CD ショップ（店頭） | 20.0 | 25.8 | 17.2 | 17.8 | *** |
| | 家族・恋人 | 19.6 | 21.0 | 17.4 | 20.2 | n.s. |
| | ラジオ | 16.1 | 17.5 | 16.8 | 14.6 | n.s. |
| | カラオケ | 15.6 | 17.7 | 16.8 | 13.4 | n.s. |
| | 音楽雑誌 | 5.7 | 6.9 | 4.8 | 5.5 | n.s. |

数字は%，$\chi 2$ 検定：*** $p < 0.001$, * $p < 0.05$

出所）筆者作成.

リアに入るか否かを決める選択は，インターネットでクリックして別の場所へ飛ぶこととはわけが違う．そこには，大げさに言えば，立ちすくむ，物怖じする，踵を返すといった心的機制が働くこともありうる．もちろんその場所は（以前であればとくに）どこの街にも開業されていたありふれた商業施設である．ただ，頭の中での判断や指先での判断ではなく，身体行為による判断がなされる瞬間がもっとも多く訪れるのが，CD ショップの店頭という情報取得領域であることはいえるだろう．

### （2）居場所の感覚，境界感覚

　上記の仮説を検証するために，2022 年秋に CD・レコード店に関するウェブ調査を実施した．QiQUMO 社のモニターを用いて，20 代から 50 代までの男女からサンプル数 500 名を抽出した調査である．このうち，音楽趣味についての

スクリーニングを行い，まったく趣味ではないとする120名を除き，さらに人口上位（500万人以上居住）9都道府県（東京都，神奈川県，大阪府，愛知県，埼玉県，千葉県，兵庫県，北海道，福岡県）のサンプルに絞り，363票を分析に用いた．

　この調査では，CD・レコード店に対する行動と意識，ならびに音楽の差異意識について中心的に問うている．まず，「あなたはCD・レコード店の実店舗に行きますか」の設問について，回答分布は「よく行く」が3.6%，「たまに行く」が20.4％，「あまり行かない」が40.8％，「まったく行かない」が35.3％であった．人口密集地であったとしても，ここ10年で実店舗が減少しているのであろう，それがあらわれた数値となった．なお，フェイス項目とクロス集計をしてみたところ，男女差はなく，年齢は若い世代のほうがCD・レコード店の実店舗に出向いていることがわかった．

　つぎに，好みの音楽（ジャンル）の選択に働く意識について，自分の聴く音楽が他者の聴く音楽より優れていると思うかどうかを訊くだけでは測れないと判断して，ジャンル選好に伴う差異の意識を中心に10の質問を用意した（**表3-2**）．各質問項目の回答選択肢「そうだ」「まあそうだ」「あまりそうでない」「そうでない」の順に4〜1の値を与え，因子分析を実施したところ，3つの因子が出現した．

　ここで第1因子にあらわれた7つの項目を見ると，これらが，ジャンルを幅広く認識したうえで自分の聴く音楽を選択している態度であるとわかる．と同時に，自分のみならず他人の好みを測り，他者を意識していることも特徴的である．この因子が指し示しているのは，数多くのジャンルを俯瞰的に見渡して自分の判断に自信をもっているタイプであり，ピーターソンの提唱した文化的オムニボアの好み（Peterson 1992）を表現していると捉えることができる．よって，エリーティズムオムニボアと名付けた．

　つぎに第2因子は，「自分から進んで聴くことは一生ないであろう音楽ジャンルがある」「音楽には高尚なジャンルと低俗なジャンルがあると感じる」に掛かっている．選民的な意識を有している点でユニボア（単一趣味嗜好）の特徴を表しており，ハイブローユニボアと名付ける．

　最後の第3因子は，「新しい曲を知りたいとき，まずは好きなジャンルの系統から探す」に掛かる因子であり，ユニボア的特徴を示している．ただし「特

第 **3** 章　文化資本の揺らぎと境界感覚の測定

表 3-2　音楽ジャンル差異意識の因子分析（回転後）

| | 因子 | | |
|---|---|---|---|
| | エリーティズム<br>オムニボア | ハイブロー<br>ユニボア | ローブロー<br>ユニボア |
| 自分は特定のジャンルの歴史に詳しいと思う | .793 | − .183 | .028 |
| 初めて聴いた曲でも，それがどのジャンルに属するかが分かる | .688 | − .089 | .142 |
| 他人の外見を見れば，その人の音楽の好みは想像できる | .638 | .072 | − .024 |
| 自分が聴いている音楽は，ほかの人の聴く音楽よりも優れていると思う | .581 | .182 | − .170 |
| オリコンやビルボードなどの音楽チャートのランキングが気になる | .473 | − .042 | .155 |
| 他人に自分の好きなアーティストを伝えるとき，自分のセンスが問われていると感じる | .392 | .287 | .083 |
| 洋楽と邦楽なら，洋楽の方を好む | .304 | − .009 | .164 |
| 自分から進んで聴くことは一生ないであろう音楽ジャンルがある | − .168 | .703 | .194 |
| 音楽には高尚なジャンルと低俗なジャンルがあると感じる | .335 | .367 | − .148 |
| 新しい曲を知りたいとき，まずは好きなジャンルの系統から探す | .123 | .142 | .615 |

注）因子抽出法：最尤法　回転法：Kaiser の正規化を伴うプロマックス法（18 回の反復で回転が収束）
出所）筆者作成.

定のジャンルの歴史に詳しい」とは考えておらず，「自分が聴いている音楽は，ほかの人の聴く音楽よりも優れていると思う」と「音楽には高尚なジャンルと低俗なジャンルがあると感じる」に強めのマイナスが示されていることから，世間的評価を気にせず自分の好きなジャンルに入れ込むタイプと見なし，ローブローユニボアと名付ける.

　なお，因子分析の特徴として，回答者全員がこの 3 つの因子のいずれかに分類されるわけではないこと，すべての因子の数値が低い人（音楽ジャンルにさして関心のない人）もいることを注記しておく.そのことを把握したうえで，この 3 つの因子と各項目との相関を見ていく.

47

表 3-3 を見る．まずフェイス項目では，性別・年齢ともに関連はなかった．「あなたの趣味は音楽ですか」の問いにはすべての因子で正相関が出ているので，オムニボアにせよユニボアにせよ音楽ジャンル差異意識を有している人たちは音楽ファンであることがわかる．

　続いて各ジャンルとの相関を見る．エリーティズムオムニボアはロック系を中心に正相関が出ており，下位ジャンルの差異にも敏感な様子がうかがえる．ただし，アニメ／声優／ゲーム音楽については負の相関が示されていて，その結果からは「自分が聴いている音楽は，ほかの人の聴く音楽よりも優れている」「他人に自分の好きなアーティストを伝えるとき，自分のセンスが問われていると感じる」の 2 つの項目に顕著に表される，いわゆるロックエリート，洋楽エリートの感覚が反映されていそうである．

　ハイブローユニボアはクラシック音楽に単独で有意差があり，「高尚」とみなされる音楽を選び，そのほかのほとんどのジャンルについては強く支持していないことがわかる．

　ローブローユニボアは，エリーティズムオムニボアに次ぐ正相関の多さであるが，オルタナティブ／インディ，ヒップホップ／ラップ，アイドルの三ジャンルに関しては単独で印がついている．これらのジャンルは（クラシックやオールドロックに比べれば）比較的新興のジャンルであり，マイナー性・独自性が強いとみなされるか低俗とみなされるかのどちらかである．しかし世間的に眉をひそめられるようなジャンルであってもまずは自分の好きなジャンルから同系統の音楽を探す，という因子の特徴に符合している．

　次に表 3-4 で，CD・レコード店関連との相関を見てみよう．3 つの因子のいずれもが実店舗に出向く．エリーティズムオムニボアはとくにその数値が高く，また，頻繁に出向き，滞在時間も長い．ショップでのふるまいの項目を見ると，ジャケ買いをしたり，興味のないジャンルのコーナーにも立ち寄ったり，ほかの客の様子を観察したりと，店内を，また音盤そのものを好んでいる様子がうかがえる．とはいえ，必ずしも CD・レコード店が今後も存続して欲しいとは考えておらず，来店の目的が「配信では入手できない音源があるから」ということを加味すれば，今後，すべての音盤がデジタルに置き換わればそれはそれでよいと割り切っているのかもしれない．

第 3 章　文化資本の揺らぎと境界感覚の測定

表 3-3　音楽ジャンル差異意識とフェイス項目・各ジャンルとの相関

| N=363 | 因子 | | |
| --- | --- | --- | --- |
| | エリーティズム<br>オムニボア | ハイブロー<br>ユニボア | ローブロー<br>ユニボア |
| 性別（女性ダミー） | − 0.057 | − 0.069 | 0.039 |
| 年齢 | − 0.060 | 0.021 | 0.038 |
| あなたの趣味は音楽ですか | 0.395 ** | 0.171 ** | 0.175 ** |
| J ポップ | − 0.041 | − 0.033 | 0.052 |
| 洋楽ポップ | 0.208 ** | 0.118 * | 0.146 ** |
| 邦ロック／バンド | 0.118 * | − 0.012 | 0.028 |
| ヴィジュアル系 | 0.129 * | 0.094 | 0.064 |
| オールドロック／ロックンロール | 0.172 ** | 0.047 | 0.083 |
| オルタナティブ／インディ | 0.075 | 0.052 | 0.127 * |
| パンク／メロコア | 0.093 | 0.050 | 0.099 |
| ヘヴィメタル／メタル | 0.143 ** | 0.040 | 0.085 |
| R&B ／ソウル | 0.133 * | 0.049 | 0.130 * |
| ヒップホップ／ラップ | 0.091 | 0.002 | 0.119 * |
| レゲエ／ダンスホールレゲエ | 0.022 | 0.078 | 0.019 |
| ハウス／クラブミュージック | 0.102 | 0.038 | 0.035 |
| テクノ／テクノポップ | 0.076 | 0.098 | − 0.002 |
| EDM ／エレクトロニカ | 0.101 | 0.080 | 0.008 |
| クラシック／吹奏楽 | − 0.070 | 0.150 ** | 0.081 |
| ジャズ／フュージョン | 0.085 | 0.070 | 0.126 |
| ワールドミュージック／ラテン | 0.096 | 0.032 | 0.066 |
| アイドル | 0.038 | 0.030 | 0.153 ** |
| K ポップ | 0.032 | − 0.087 | 0.044 |
| アニメ／声優／ゲーム音楽 | − 0.140 ** | 0.008 | − 0.027 |
| 同人音楽／ボカロ | 0.071 | − 0.004 | 0.024 |

Pearson の相関係数：** $p<0.01$，* $p<0.05$
出所）筆者作成.

表 3-4 音楽ジャンル差異意識と CD・レコード店舗の行為・目的・ふるまいとの相関

| | 因子 | | |
|---|---|---|---|
| | エリーティズム オムニボア | ハイブロー ユニボア | ローブロー ユニボア |
| あなたは CD・レコード店の実店舗に行きますか（N=363） | 0.489 ** | 0.151 ** | 0.115 * |
| CD・レコード店の実店舗に行く頻度（N=235） | 0.354 ** | 0.120 | 0.050 |
| CD・レコード店の実店舗を訪れる滞在時間（以下，N=186） | 0.200 ** | − 0.027 | − 0.176 * |
| 好きなアーティストの曲が配信では入手できないから | 0.243 ** | 0.105 | 0.073 |
| 自分の目で見て選びたいから | 0.094 | 0.046 | 0.230 ** |
| 安く買えることが多いから | 0.028 | − 0.009 | 0.159 * |
| レコード CD ショップの雰囲気が好きだから | 0.108 | − 0.007 | 0.182 * |
| ジャケ買い（音楽を知らずにジャケットの印象だけで買うこと）をする | 0.445 ** | 0.130 | − 0.096 |
| CD やレコードを買うときにジャケットのデザインや見栄えを重視する | 0.422 ** | 0.149 | 0.022 |
| 店のなかを見て回ってもけっして立ち寄らないコーナーがある | 0.149 * | 0.394 ** | 0.225 ** |
| 好きなジャンルのコーナーに行くと自分の居場所のように落ち着く | 0.376 ** | 0.288 ** | 0.381 ** |
| 興味の無いジャンルのコーナーにも立ち寄るようにしている | 0.443 ** | 0.022 | − 0.128 |
| ほかの来店者がどのコーナーで何を探しているかが気になる | 0.525 ** | 0.165 * | − 0.053 |
| 店舗がプッシュしているアーティストが気になる | 0.318 ** | 0.166 * | 0.080 |
| CD・レコード店は今後も存続して欲しいと願う | 0.020 | 0.152 * | 0.315 ** |

Pearson の相関係数：** $p<0.01$，* $p<0.05$
出所）筆者作成.

ハイブローユニボアは，もっとも正相関の値が高いのが「店のなかを見て回ってもけっして立ち寄らないコーナーがある」であり，本章2節までに述べた文化資本の基準がすでに個人のなかで形成されていて，自分の場所の境界の外にはさして関心がないのだといえる．とはいえ，店内のふるまいにおいては，ほかの来店者を観察したり，店舗のプッシュするアーティストに気をとめたりしているので，全般的にゆとりの態度で店内を閲覧している．

そしてもっとも「私たち向きである／私たち向きでない」の線引きを意識し，「立ち寄る／立ち寄らない」の制約を自らに課しているのはローブローユニボアである．まずCD・レコード店に出向く目的は，自分の目で見て選ぶことをしたいから，安く買えることが多いからだが，ショップの雰囲気自体も気に入っている．その割には，店内の滞在時間は短く，目当てのジャンルのコーナーにしか立ち寄らない．つまり，好みでないほかのジャンルについてはよくわからないのだが，それがゆえに拒絶し，ほかの客の動向にも関心が向かわない．ジャケ買いなど新たな聴取の可能性を開いてしまう選択はもってのほかである．CD・レコード店は今後も存続して欲しいと願うが，それは自分好みのジャンルを1つの空間にまとめてくれるスペース＝自分の居場所がほかにはないからである．

なお，この店内のふるまいに関する設問のうち，「好きなジャンルのコーナーに行くと自分の居場所のように落ち着く」は，3つの因子のすべてで強い正相関を示した唯一の項目である．因果の向きが明らかになったとまでは言えないが，CD・レコード店の実店舗が音楽ジャンル差異意識と結びついていて，店舗内のジャンルのコーナーが「自分の場所」として知覚されていること，すなわち本節での仮説は，立証できたといえる．

## (3) データに表れないオムニボア

最後に，ここで因子として抽出されなかった類型について触れておきたい．それは，ジャンルについて根掘り葉掘り訊くような質問に答えたくない人，もしくは答えを持っていない人の類型である．そうした人たちは，そもそもジャンル間の差異意識がないので，音楽の好みを訊かれれば「音楽ならなんでも好きです」と無邪気に述べがちである．これは，ピーターソン言うところのロー

ブローオムニボア（Peterson 2005）にあたる．すなわち雑食（omnivore）ではあるし，寛容（torelance）でもあるのだが，とくにセンスを磨いた末にそうなったわけではなく，正統な文化の消費を伴っているわけでもない（木島 2019：163）．そしてそのような人たちは，CD・レコード店には出向かず，選別の場面に対峙することもない．つまりハビトゥス形成過程で音楽の文化資本が特別大切な要素にならないのである．

今回の調査で，音楽を趣味としているにもかかわらず CD・レコード店に数年以内に一回も出向いたことがない人は，被調査者 363 名の約半数にのぼった．**表 3-4** に記しているが，頻度の質問で数年以内に一度も出向いていないと答えた人にそれ以降の質問をしても意味がないので，サンプル数は最終的に186 名になっている．今後は，ますます実店舗の数は減り，音楽を選択する行為はサブスクリプションサービスや動画配信サイトに移行していく．そのフラット化された楽曲に雑多に接近することは，ローブローオムニボアを増やしていくだろうし，そこからは境界感覚は生まれないだろう．

音楽をめぐる卓越化は，「何を聴いているか」では計測できないものとなり，「どこに出かけて聴いたか」で決まるものになると思われる．

### 参考文献

Bourdieu, P., 1979, *La Distinction: Critique sociale du jugement*, Minuit.（＝2020，石井洋二郎訳『[普及版] ディスタンクシオン——社会的判断力批判Ⅰ・Ⅱ』藤原書店．）

木島由晶，2019，「Consumption：音楽聴取の雑食性」南田勝也・木島由晶・永井純一・小川博司編『音楽化社会の現在——統計データで読むポピュラー音楽』新曜社，145-164.

南田勝也，2019，「Identity：世代とアイデンティティ」南田勝也・木島由晶・永井純一・小川博司編『音楽化社会の現在——統計データで読むポピュラー音楽』新曜社，108-124.

Peterson, R. A., 1992, "Understanding Audience Segmentation: From Elite and Mass to Omnivore and Univore," *Poetics*, 21 (4): 243-58.

————, 2005, "Problems in Comparative Research: The Example of Omnivorousness," *Poetics*, 33: 257-82.

第**4**章

# 大学生における「趣味の良さ」と
## 階層意識，ハビトゥスの関係

片岡 栄美

## は じ め に

現代の日本の若者たち，とくに大学生の趣味活動やテイストはいかに多様化
し，分化しているのか．また若者にとって「良い趣味（goût）」とは何だろう
か．これらの問について，ブルデュー（Pierre Bourdieu）の象徴空間（差異空間）
論やハビトゥス概念を参照しつつ，大学生の趣味の差異空間を多重対応分析で
明らかにしよう．そして，趣味による若者の卓越化は，大学生集団内の象徴的
地位や階層帰属意識とどのような関連をもっているかを量的調査データで検討
する．

## 1 　趣味・嗜好とハビトゥス

ブルデューによれば，「趣味というのは，人間も物も含めて，人がもってい
るすべてのものの原理であり，また人が他人にとってどういう存在であるか，
そして人は何によって自らを分類し何によって分類されるのか，といったすべ
てのことの原理」だという（Bourdieu 1979=2020 I: 100）．そして趣味の違いは「異
なる生活様式への嫌悪感」（ibid,101）のようなほかの生き方への不寛容にもつ
ながってしまう．

ブルデューは，趣味という実践（pratique: プラティーク）が個人の自由で主体
的な意思によって選ばれているという見方，つまり何のバイアスもなく選び取
ることができるという認識を否定する．もちろん選択の自由がないということ

53

ではない．何が好きか，どのアーティストの作品に魅力を感じるのかという感性やセンスは社会的な影響を受けて形成されているという意味である．そして各自の趣味を方向づけている選好のシステムをハビトゥスという概念でブルデューは説明する．ハビトゥスは「すべての行為の生成原理」であり，意識的にも無意識的にも作動して行為を方向づける（Bourdieu 1979）．

　ハビトゥスや嗜好の個人差は，生育環境のような社会環境によって異なることが多い．たとえばAさんは子どもの頃からクラシック音楽や美術にふれる機会が多くあり，成人となった今もクラシック音楽や美術鑑賞を趣味としている．それに対しBさんは子どもの頃に芸術に触れた経験はほとんど無く，成人となった今の趣味は，ゲーム音楽やアイドルの曲を聴くことなので，聞き慣れないクラシック音楽を退屈と感じ，正統的な美術作品はどこがいいのかさっぱりわからないので，美術館に誘われても行かない．こうした趣味・嗜好（テイスト）の違いは個人の経験や実践の差の蓄積の結果であるとともに，出身家庭の階級差としてもあらわれることが知られている（片岡 1992, 2003, 2019）．

　趣味や嗜好の差異は，現在の社会的地位あるいは将来の地位とも関連し，自分の地位（位置）に「ふさわしい」行為をすることを自らに課すことがある．たとえば教員が生徒に対し教師らしい態度を示す時，それは個人の意思でもあるが，その行為や態度はその組織や制度の「意思」であり，権力が個人レベルの行為を通して遂行されているからである．つまり個人は家族や生育歴の影響を受けているが，一方で自分がコミットする制度や組織の意向を内面化してagent（行為者）[1]としてふるまうことがある．ジェンダーや階級も制度と考えることができる．

　趣味やハビトゥスの差異は，排除を生むこともある．たとえば格式の高い場所で場違いなふるまいをしたことで冷たいまなざしを向けられていたたまれなくなるという状況も，その人が上流階級の階級文化やハビトゥスを身につけていなかったことで，見えない「境界線」を引かれて排除されたからである．その上流の場で文化的にも認められたいと願うなら，その人は場にふさわしい作法や話し方，話題や趣味を身に付けて，それを実践できるように努力するかもしれない．しかし趣味・嗜好の根底にあるハビトゥスは一朝一夕には変化しにくく，かつ一貫性をもってさまざまな場であらわれるとブルデューは論じている．

## 2 大学生の趣味データの読み方

　成人の調査においては，趣味活動は世帯収入，学歴，ジェンダーといった社会的地位の変数との関連があり，文化の格差は一定程度存在して，決してフラットではなく親の学歴など家庭背景の影響もある（片岡 2019）．しかし近年の大学生調査では，親の社会的地位変数と大学生の文化活動のクロス表分析を行うと，各趣味活動の比率に親の学歴等による出身階層の影響を見い出すことが困難である[2]．しかし本当に大学生の文化活動は，その学生の社会的背景とは無関係なのだろうか．

　そこで本章では，まず大学生の趣味判断を調べ，趣味で卓越化するということがあるのか，ないのかを明確にする．またブルデューが『ディスタンクシオン』（Bourdieu 1979）で行った多重対応分析を用いて，大学生の所属する社会空間での権力関係や社会関係上の複数の地位と彼らの趣味実践の差異空間の対応関係を検討する．

　注意しなければならないのは大学生は正式に労働世界にエントリーする前であり，（一時的なアルバイトを除いて）自身の社会的地位を得ているわけではない．そこでブルデューが述べる「社会的現実が要求する二重の読みを行なう」（Bourdieu 1989=2012: 13）必要がある．すなわち権力や象徴的暴力が作動し効力を発揮するところでは，「彼が権力に従う程度は，事前に権力を認知することの学習を通して，その心構え[3]ができている程度に応じて」であると言い，たとえば「生徒の進路希望や科目の好き嫌いと言った個人レベルの行為を通して」，「認識と行為の諸カテゴリーが，組織体の客観的構造と直接的に一致している」と論じた（ibid, 14）．そして「被支配者はいつでも自らの支配状況に進んで肩入れをする」が「そのような（権力や制度が望むように自らを被支配的な者へと仕向けるという制度との）共犯関係に彼らを促す心構え（ディスポジション）もまた，支配の，内面化された効果である」（ibid, 15）．つまり支配的な界やそこでの位置に親近感を感じる若者は，自分が将来所属するであろう組織や職業，支配階級にふさわしい学問や学校を選好し，ふさわしい態度，価値観，趣味を自ら身につけるだろう．また自ら労働者として支配される側になることを甘受し予期する者は，自ら進んでそのように自己を再配置していく，あるいはそういった心構えへと自己を

作り上げるという，いわば制度との共犯関係を内面化し実践してしまうという意味となる[4]．これが象徴的支配というものでもあり，目にみえにくい支配である．

## 3　進路選択と趣味の関係

　筆者がかつて中学受験の研究をしたときに，私立中学を受験することを決める小学校5年生あたりのタイミングで，それまでやっていた習い事をやめて受験にむけて子どもの生活を再編成して学業に集中させる戦略がよく取られていた．つまりピアノやスポーツクラブをやめて，受験準備のための塾に切り替えるので，小学校高学年で習い事を中断したという話が多かった．これは放課後や休日の時間資源を中学受験の入試にむけてもっとも効率的に投資しようとする親子の教育戦略である．

　このことを敷衍するならば，日本の大学生は入試で成功するために，受験前に趣味や文化的な習い事を中断した者が多いのではないか．とくに成績で上位をめざすことが期待されやすい男子学生にとって，習い事や趣味に時間を割くという文化資本の蓄積は継続しにくく，その代わりに学業での成功をめざしてストイックな勤勉さのハビトゥスを形成することに専念してきたかもしれない．これらは推測ではあるものの，大学生の趣味について分析する上で考えておく必要がある．

## 4　仮説とデータ

　本章では，異なる趣味テイストを示す学生たちの集団間および集団内部の関係性や大学生集団での地位の問題を明らかにすることで，ポピュラー・カルチャーにおける差異化の論理の一端を明らかにしたい．主要な仮説は，以下のとおりである．

　　〈仮説1〉趣味の幅が広い人ほど，「趣味の良さ」スコアが高い．
　　〈仮説2〉大学生の地位序列と趣味の文化的序列は関連する．
　　〈仮説3〉大学生にとっての趣味の卓越化は，洋楽系・ヒップホップ系

音楽である.

〈仮説 4〉趣味の差異は, 将来希望する職業と関連する.

以上を追求する意味は, 趣味実践を生成する認知構造（ハビトゥス）の社会的生成が, 日本の大学生においても成立しうるのかを解明するためである. ブルデューによれば趣味に表れる「選好システムは社会的に構成されたもので, その基本構造がさまざまな選択を生じさせ且つそれに統一を与える原理となっている」(Bourdieu 1989=2012 I: 11).

データは, 「日本版ディスタンクシオン研究会」（代表 片岡栄美）が 2018 年 9 月〜12 月にかけて実施した全国の 4 年制大学生を母集団とする量的調査（質問紙調査）「大学生の文化と意識に関する調査（2018）」（以下では, 2018 年全国大学生調査と略）である[5].

15 大学 15 学部より 662 名の有効サンプルが得られ, 内訳は男性 367 名, 女子 294 名, 不明 1 名であった. 学部別には理系学部生 198 名と文系学部生 464 名である. 調査内容は趣味活動を中心に自己の趣味判定や地位判断, 価値意識や家庭背景などの変数からなる.

## 5 大学生の「趣味の良さ」判断と「趣味の幅広さ」の関係

「趣味の良さ」とは, 集団や社会空間の中で他者よりも趣味で「卓越性」を示す象徴的記号を所有していることを意味する. では, どのような趣味を持っていれば, 自分をよい趣味（卓越化）と判断するのだろうか. 調査では, 「あなたの趣味の良さは, 学校の同学年の人の中で, どのくらいだと思いますか」と質問し, 上（7 点）から下（1 点）までの 7 段階を提示し択一式で回答してもらった. 結果は図 4-1 のとおりで, 4 点が中位となる. 数値は全体に占める各カテゴリーの構成比率（%）で, 平均値は 3.78, 標準偏差は 1.493 で, 趣味の自己評価は正規分布に近い分布形を示した. このスコアの男女差は生じていない.

ブライソン (Bryson 1996) はアメリカ人の音楽趣味の分析において, 趣味の種類の多さを「趣味の幅広さ」と指標化し, それを文化的寛容性の尺度として用いた. そして学歴が高いほど, また社会的地位が高い人ほど趣味の幅が広

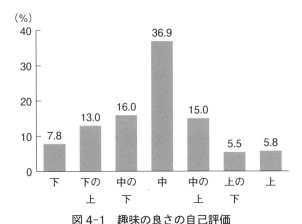

図 4-1 趣味の良さの自己評価

「趣味の良さは，学校の同学年の人の中で，どのくらいだと思いますか．」
出所）片岡（2023）

く，文化的に寛容であることを明らかにした．

　日本でも趣味の幅広さを趣味の種類の多さとして測定すると，高学歴や世帯収入の多さ等の社会的地位変数は趣味の幅広さと関連を示した（片岡 2000）．では，大学生ではどうだろうか．

　2018 年全国大学生調査では，「あなたの趣味は，次のうちどれですか」として 24 項目のリスト[6]から複数回答で趣味のジャンルを選択してもらった．**表 4-1** は，選択した趣味数の多寡をもとに 4 つのカテゴリーに分類して，各カテ

表 4-1 「趣味の幅広さ」と「趣味の良さ」スコア

| 趣味幅広さ 4 分類 | スコア平均値 | 回答者数 | 標準偏差 |
|---|---|---|---|
| 1 − 4 個 | 3.48 | 144 | 1.514 |
| 5 − 7 個 | 3.81 | 218 | 1.429 |
| 8 − 11 個 | 3.91 | 197 | 1.519 |
| 12 − 18 個 | 4.14 | 71 | 1.407 |
| 合計 | 3.80 | 630 | 1.485 |

p＜.01

出所）筆者作成．

ゴリーの「趣味の良さ」スコアの平均値を示している．平均値に有意差（p<.01）があり，趣味の幅が広い（数が多い）ほど「趣味の良さ」スコアが高かった．仮説1は支持され，幅広い趣味をもつ人ほど趣味が良いと考えている．

## 6　趣味実践と趣味の良さ

**図4-2**は，趣味活動の各ジャンルの実践者が，自分の「趣味の良さ」を集団内でどう位置づけたか（**図4-1**）という「趣味の良さ」スコアの平均点を示している．趣味実践の各カテゴリーは，音楽聴取の場合はそのジャンルを「週に3回以上聴く」高頻度リスナーに限定した．つまりそれだけそのジャンルにエネルギーを注いでいる者を抽出している．音楽以外の項目は，その項目を「趣味活動である」と回答した人，あるいは舞台や劇場・ホール等での参加実践については過去1年間に1回以上の参加経験者を集計した．そして各項目実践者の「趣味の良さスコア」の平均値を算出し，スコア順に表示した．趣味の良さスコアは，全サンプル平均が3.78なので平均以上と以下でカテゴリーを左右に分けて表示した．

**図4-2**は，各趣味において活動的な人の「趣味の良さ」スコア平均値なので，趣味の不活発層に分類された値はこの図に反映されていない[7]．趣味が活発な人ほど，自分の趣味を良いと判断していることがわかる．

ただしこの趣味の良さスコア平均は，各趣味ジャンルに対する直接的な評価ではなく自己評価スコアである．回答者はそのジャンル以外のほかの趣味も持っていることがあるので，実践者のおおよその回答傾向として理解すべきである．

**図4-2**から「趣味の良さ」スコアで同学年のほかの人に比べて高いと判断したのは，上から順に次の「ジャズのコンサートやライブに行く」，「ラップをきく（週3回以上）」，「テクノ音楽をきく（週3回以上）」，「ハウス/クラブミュージック/EDMをきく（週3回以上）」，「ヒップホップをきく（周3回以上）」，「ヴィジュアル系音楽をきく（週3回以上）」，「写真が趣味」，「洋楽ロックをきく（週3回以上）」などである．

この結果からいえることは，ラップやヒップホップ，ハウス・クラブミュー

図4-2 文化実践者と「趣味の良さ」スコア（平均3.78）

出所）筆者作成．

ジック／EDM のような「新興」の文化スタイルが若者にとっての「良い趣味」に新しく加わり，以前とは変化したことである．これは海外でも指摘されており（Lizardo and Skiles 2015），いわゆるハイブロウな文化消費ではなく新興の消費スタイルが評価されている．

そして中位から少し上のスコアで，「歌舞伎・能・狂言・文楽を見に行く」，「同人誌即売会に行く」，「舞台・演劇鑑賞が趣味」，「ハードロックやヘビーメタルをきく（週3回以上）」「映画音楽やミュージカル音楽を聴く（週3回以上）」，「K-POP を聴く（週3回以上）」，「美術館や美術展に行く（年に1回以上）」，「美術・アートが趣味」，「スポーツ観戦が趣味」，「クラシック音楽会へ行く」など伝統的に正統趣味あるいはハイブロウとみなされてきた項目と，それ以外の中間文化が多く続く．歌舞伎や美術館訪問，クラシック音楽は従来であれば中流以上の階級の人々が愛好する正統文化であるが，大学生ではロックやK-POP，スポーツ観戦などの大衆的・中間的な文化と同列に消費されている可能性がある[8]．一般に高尚と評価されているクラシック音楽を好む者よりも，ラップやヒップホップ，洋楽ロック等を好む若者ほど自らの趣味は良いと回答していた点は，一般化できる結果というよりも若者世代の特徴であると考えられる（片岡 1996, 2019）．

またほかの人よりも趣味が良くないという判断は，低い方から順に「ジャニーズ系[9]や男性アイドルの歌を聴く（週3回以上）」，「EXILE などのダンス＆ボーカルを聴く（週3回以上）」，「アニメソングや声優の曲を聴く（週3回以上）」，「ボーカロイド／同人音楽を聴く（週3回以上）」，「アニメが趣味」，「ゲームが趣味」，「マンガが趣味」であった．いずれも商業主義的に展開され流行しているジャンルである．若者の音楽趣味の良し悪しに限定して行った同様の調査結果については，片岡（2023）に詳しい．

## 7　趣味活動の差異空間の多重対応分析と文化マップ

大学生の趣味や文化実践の質問項目を多重対応分析（Multiple Correspondence Analysis：MCA）を用いて分析し，大学生の趣味の差異空間を文化マップとして作成した．ブルデューが用いて知られるようになった分析手法で，さまざまな

趣味実践の特性を差異空間のマップの座標軸上の距離で表わすことができる．近い位置関係にある活動は関連が強く類似するが，遠い位置関係は関連が弱い．

ブルデューの著書『ディスタンクシオン』では，生活様式空間（差異空間と同意）と社会的位置空間（＝社会空間）として紙の上に描き出されたマップ上で分割された諸集団のモデルは，「さまざまな出会い，親近性，共感，さらには欲望などを予言する距離を規定している」という（Bourdieu 1994=2007: 28-29）．具体的にはマップ上で距離が離れている集団同士では，友人になる可能性や結婚する可能性が低く，あるいは話も気も合わない確率が高い．ブルデューは階級と文化実践が対応することをフランスのデータで描くのだが，MCA分析で示される人々の分節化した状態は，マルクス的な意味での階級という実体的なものではなくて，あくまでそうなる可能態としての潜在的可能性，あるいは「存在志向」や「蓋然的な階級」にすぎないとブルデューは繰り返し述べている．

分析方法について，図4-3のMCAの空間構成に使用する各変数は，2分割されたカテゴリー変数である．分析に使用した文化実践の各変数は，高頻度でその活動を行うか否かを基準に2分割[10]している．なお回答数が少数の場合，MCAでは周辺に位置づけられる特徴があるので，実践者が全体の5％以下のカテゴリーは使用しなかった．そして図4-3の趣味の差異空間の中で，記号「1」とは各趣味実践に「不参加あるいは低頻度参加者」すなわち「不活発層」のカテゴリーの位置を表している．

図4-3の1軸（次元1）と2軸（次元2）の説明力はほぼ同等で，知見として以下が得られた．

① 差異空間の次元2（縦軸）は，趣味への参加度の違いを表している．マイナス方向の第3，第4象限には，記号「1」で示す低頻度参加ないしは非参加層の「不活発層」のカテゴリーが集まり，プラス方向には趣味活動への「（高頻度）参加層」（以下，参加層と呼ぶ群）であるさまざまな趣味活動，文化活動が位置していた[11]．

② 同時に次元2は「趣味の良さ」の高低を示し，プラス方向のヒップホップ系や洋楽ロック系，クラシック音楽が大学生にとっての「良い趣味」を構成することがわかる．

③ 次元1（横軸）はプラス方向に「ACG系（アニメ・マンガ・ゲーム系）」が，マ

第 4 章 大学生における「趣味の良さ」と階層意識，ハビトゥスの関係

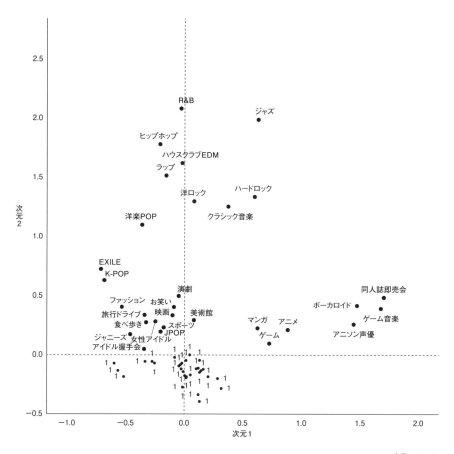

次元1　0.115
次元2　0.105

図 4-3　大学生の趣味の差異空間

出所）筆者作成．

イナス方向には「アイドル系」趣味や「旅行」，「食べ歩き」などの中間趣味の項目が位置する．

④ 大学生の趣味活動の類型は，大きく「不活発層」，「ACG 系（アニメ・マンガ・ゲーム系）」，「アイドル系」，「洋楽ロック・ヒップホップ系・ジャズ・クラシック音楽系」の 4 群に分かれている[12]．細かくみると ACG 系はさらに 2 つに分かれて，「ゲーム音楽」「ボーカロイド／同人音楽をきく」「アニメソ

ングや声優の曲をきく」「同人誌即売会に行く」を好む集団と，「アニメ」「マンガ」「ゲーム」を趣味とする集団は少し距離がある．また第3象限にある「アイドル系」趣味の近くには，音楽以外の多様な趣味実践（スポーツ，写真，食べ歩き・お笑いなど）が集まり，中間趣味に該当するものが多い.

⑤ 上記の4つの趣味群は，代表的な実践項目を群の名称としているので，各趣味は音楽以外の実践も含まれる．それぞれの群を構成する文化項目は注で詳しく提示した[13].

以上から，この差異空間における縦軸（次元2）は，「趣味参加と不活発層」の区別を説明するとともに，プラス方向に若者にとっての「センスの良い趣味」が位置した．また横軸（次元1）は，アイドル系とACG系を分割する軸となっていることがわかる.

## 8 大学生の社会空間の特徴と差異空間との対応関係

大学生にとっての社会空間がどのような要素から構成されているかは，これまでほとんど明らかにされていない．ブルデューによれば，社会界において，「名声，評判，威信，名誉，栄光，権威など，公認の権力としての象徴権力をかたちづくるすべてのものを獲得目標とする闘争」（Bourdieu 1979=2020 I: 409）があり，それはおそらく大学の学生界という社会空間においても同様であるだろう.

所属する大学という社会空間内で，彼らが文化的な象徴闘争をしているとすれば，それは出身家庭の社会的地位のほか，大学集団内での地位アイデンティティや将来の職業選択とも何らかの関係があると推測できる．つまり現在の社会空間での位置と将来の社会界での自分の位置が，どの程度，現在の趣味（**図4-3**）と関連しているのかを検討しつつ，本節では，大学生の社会空間[14]の特徴を明らかにすることを目的とする.

大学卒業後に就きたい仕事の特徴から，未来の社会空間の中での自分の位置をどう希望するかという立場決定がみえるので，それを手掛かりに大学生の社会空間を未来の時間軸の視点から検討する.

趣味のパターン（差異空間上の位置）と社会空間上の位置が関連をもつとすれ

第 4 章　大学生における「趣味の良さ」と階層意識，ハビトゥスの関係

ば，それはハビトゥスを媒介としている．そこで地位上昇志向などのハビトゥスに関する意識項目も検討した．

### (1) 大学生の階層帰属意識と出身家庭の社会的地位，趣味の良さ

調査では，階層帰属意識の質問を「仮に現在の日本の社会全体を，以下のように 5 つの層に分けるとすれば，あなた自身はこのどれに入ると思いますか．」（択一式）とし，上 (5)，中の上 (4)，中の中 (3)，中の下 (2)，下 (1) から選んでもらった．平均は 2.82（SD=0.851）で，構成比は図 4-4 のとおりで「中の中」

表 4-2　相関係数

|  | 階層帰属意識 | 家族の経済状況 | 世帯収入 | 父学歴 | 母学歴 | 趣味の良さ |
|---|---|---|---|---|---|---|
| 階層帰属意識 | — | | | | | |
| 家族の経済状況 | .192** | — | | | | |
| 世帯収入 | .166** | .588** | — | | | |
| 父学歴 | .107** | .252** | .309** | — | | |
| 母学歴 | .084* | .171** | .226** | .506** | — | |
| 趣味の良さ | .330** | .058 | −.007 | .017 | .019 | — |

**p<.001，*p<.01（両側検定）

出所）筆者作成．

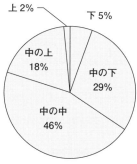

図 4-4　階層帰属意識
出所）筆者作成．

表 4-3　階層帰属意識と「趣味の良さ」

「趣味の良さは，学校の同学年の人の中で，どのくらいだと思いますか」

| 階層帰属意識 | 平均値 | 度数 | 標準偏差 |
|---|---|---|---|
| 下 | 2.34 | 35 | 1.454 |
| 中の下 | 3.44 | 182 | 1.462 |
| 中の中 | 3.85 | 289 | 1.275 |
| 中の上 | 4.38 | 117 | 1.530 |
| 上 | 5.40 | 10 | 1.838 |
| 全体 | 3.77 | 633 | 1.484 |

分散分析　p<.001
出所）筆者作成．

が約半数を占める．**表 4-3** に示すように，学生の階層帰属意識は家族の経済状況（かなり豊か〜貧しいまでの主観的 5 段階尺度）[15]や世帯収入とは有意な正の相関があり，生活条件によって学生の階層帰属判断が異なることが明確に析出された[16]．しかし「趣味の良さ」判断と，家族の経済状態，世帯収入，父母の学歴（7 段階）といった階層変数の間には有意な関連はなかった．

さらに大学生調査の文化質問項目のほとんどにおいて，文化実践と現実の世帯収入や親の学歴，職業との個々のクロス表分析では有意な関連は見い出せず，ほかの調査者の大学生調査でも近年は同様の現象が起きていた．しかし**表 4-2** では階層帰属意識が高いほど趣味判断（趣味の良さ）が高いというやや強い相関（r=0.33）や**表 4-3** でも学生の階層帰属意識による趣味の良さスコア平均値の有意な差異を見出すことができた．階層帰属意識が「上」のグループの趣味の良さ判断は 5.40 と最も高く，階層帰属意識が高いほど，趣味判断スコアも有意に高い．これはどちらが原因ということではなく，あくまで相関しているという意味である．では，学生の階層帰属意識は出身家庭の階層的地位のほかに何で決まるのか．

## （2）学校集団での多次元地位評価指標と趣味の良さおよび階層帰属意識との関係

調査では，先に紹介した「趣味の良さ」のほかに，学校の同学年内での「力関係」「人気」「尊敬されている程度」「知的能力や成績」「顔やスタイルの魅力」の合計 6 つの地位序列について同学年学生集団内での自分の位置の評価（7 段階）を問うている．これらは客観的な地位指標ではなく，知覚や評価，認知と承認にかかわる象徴的な地位を表す．6 つの象徴的地位指標は主観的に測定されているものの，自らを集団の中でほかと比べてどう位置付けているかという関係性や権力と関係し，大学生にとっての公認かつ共有化された象徴権力を形作る要素である．まず，これら多次元的な地位指標間の関連性をみておこう．

分析の結果，**表 4-4** に示すように，学校の同学年の間での「知的能力や成績」「人気」「尊敬されている程度」「力関係」「顔やスタイルの魅力」「趣味の良さ」の 6 つの序列スコアのすべてが相互に 1 ％水準で有意な相関があった．そして趣味が良い人ほど学校集団内でのほかの地位序列も上位であることがわ

第 **4** 章　大学生における「趣味の良さ」と階層意識，ハビトゥスの関係

表 4-4　相関係数

| | 知的能力や成績 | 人気 | 尊敬 | 力関係 | 魅力的（顔やスタイル） | 趣味の良さ | 階層帰属意識 |
|---|---|---|---|---|---|---|---|
| 知的能力や成績 | — | | | | | | |
| 人気 | .225** | — | | | | | |
| 尊敬 | .343** | .646** | | | | | |
| 力関係 | .265** | .633** | .620** | — | | | |
| 魅力的（顔やスタイル） | .258** | .522** | .508** | .494** | — | | |
| 趣味の良さ | .268** | .373** | .367** | .372** | .419** | — | |
| 階層帰属意識 | .235** | .337** | .393** | .297** | .408** | .330** | — |
| 家族の経済状況 | .053 | .095* | .088* | .070 | .120** | .058 | .192** |
| 世帯収入 | .031 | .048 | .035 | .049 | .089* | − .007 | .166** |
| 地位総合指標 | — | — | — | — | — | — | .461** |

**p<.01，*p<.05（両側検定）

出所）筆者作成.

かった.

　また階層帰属意識はこれらの主観的地位指標すべてと正の有意な相関を示した（表4-4）. 中でも「顔やスタイルが魅力的かどうか」は大学生の階層帰属意識にとってかなり重要であることがわかる. つまり学生の社会空間を構成するのは，家族の客観的な経済状況よりも，人気や尊敬，ルックス，趣味の良さ，力関係などの主観的に認知された象徴的地位のほうが重要である. 知的能力や成績といった学校的文化資本は大学生の社会空間を構成する上で，それほど重要な要因ではないこともわかる.

　さらに 6 つの主観的地位指標スコアを総和することで「地位総合指標」を作成した. その結果，地位総合指標と階層帰属意識との相関係数は，0.461（p<.01）と高い相関を示した. そして大学生の社会空間では，出身家庭の経済資本はほとんど意味をもたず，さらに学力や知的能力の高さも，学生にとっての最重要の地位資源ではないことがわかる.

　以上より，大学生の自己アイデンティティを左右する複数の地位の自己評価

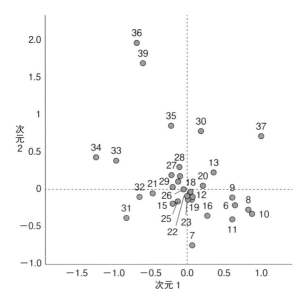

**図 4-5　趣味の差異空間上における地位総合指標スコア重心ポイント**
出所）筆者作成.

の指標が明らかになり，大学生の社会空間が「趣味の良さ」や階層帰属意識と密接に関連しつつ，多元的地位から構成されていることがわかった．

次に趣味と社会空間の対応関係をみるために，**図 4-3** の差異空間の中にこれらの地位変数を位置づけていく．多重対応分析（MCA）では，まず差異空間を析出してから，補助変数として社会的地位変数をプロットする．

差異空間の図の上に地位変数を重ねると煩雑になるので，差異空間で固定したマップ上に，地位の諸変数を配置していく．例えば，地位総合指標のスコアは，差異空間上で**図 4-5** のように位置している．地位総合指標スコアの高い 39 や 36 のカテゴリーは，ヒップホップの近くに位置し，6, 8, 9, 10 のカテゴリーはゲームと不活発層の間に位置している．アイドル系や中間文化趣味の近くには，20 点から 30 点前後の地位総合スコアが位置し，地位スコアの高さと趣味活動には一定の関連性が認められる．

以上より，仮説 2「大学生の地位序列と趣味の文化的序列は関連する」は支持された．

68

## （3）出身家庭の社会経済的状況と差異空間の関連性

学生の出身家庭の経済状態と趣味実践の関係は，2変数間のクロス表分析ではほとんど有意差が出ない．その1つの理由は，すでに大学の入学選抜を受けた時点で，学力や成績が家庭の経済力とかなりリンクしているからである．つまり大学選抜は潜在的な経済的選抜ともなっているので，大学生間の家庭の経済格差はあるもの，学生の個別の趣味活動に明確な差異は出にくい．

では趣味の差異空間の中でのほかの出身階層変数の位置関係はどうだろうか．差異空間上に父母の学歴をプロットすると，親の学歴の差異はほとんどなかった．しかし父の主な職種を差異空間上にプロットすると，図 4-6 のように父職による分節化が生じている．第3及び第4象限の不活発層が多く集まる部分に，弁護士や医師，宗教家の高度専門職群が位置するほか，管理職，企

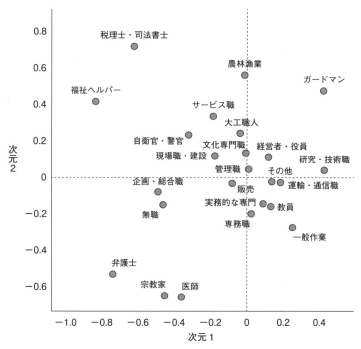

**図 4-6　趣味の差異空間における父親の主な職種の位置**
出所）筆者作成．

画・総合職，実務的専門職，事務職などのホワイトカラー職も多く位置していた．それに対し，アイドル系が多く集まる第2象限の原点に近い部分には，自衛官・警官の保安職，サービス職，大工等の職人・技能労働，現場職・建設作業・土木作業等が位置している．アニメやマンガ，ゲームの付近には研究・技術職のエンジニア系職種が位置している．

### （4）ハビトゥスと大学学科の特徴

さらに図 4-7 では，大学学部の偏差値を差異空間に重ねると，趣味の不活性群の多い第3象限のところに，高偏差値の大学学部が集まっており，父親の職種の高いグループとも一致していた．ただし大学間の分化は，ほかの地位変数よりも弱い．

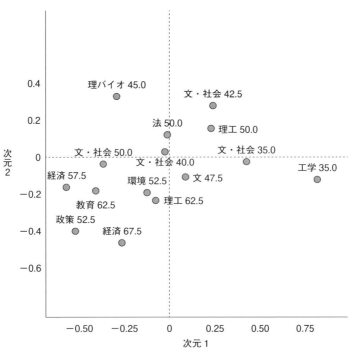

図 4-7　大学学科の偏差値と趣味の差異空間
出所）筆者作成．

第 4 章　大学生における「趣味の良さ」と階層意識，ハビトゥスの関係

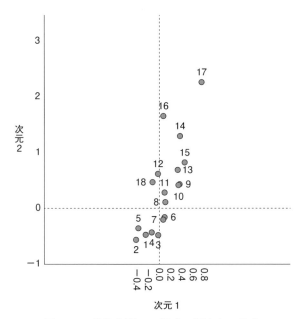

**図 4-8　差異空間での趣味の幅広さの分布**
出所）筆者作成．

　以上のことを総合すると，趣味の不活発群とは趣味に多くのエネルギーを割いて趣味活動に没入するタイプではない学生であり，高偏差値の大学学部の学生に多い傾向がうかがえる．また高偏差値大学学生の出身家庭は，父親が高度専門職や上層ホワイトカラーなどの支配的な階層出身者であることがわかる．
　すなわち日本の高学歴エリートの多くが，週3回以上もいくつかの種類の音楽を聴くような生活習慣をもっていないということであり，全体として趣味に没頭するというのではない，ほどほどの頻度での趣味生活を送っていることを意味する．
　また**図 4-8** は，趣味の幅広さを差異空間にプロットした図であるが，これをみると次元2に沿って趣味の幅の得点の高低が並行している．差異空間の次元2は，趣味の良さとも関連が強かったが，同時に趣味の幅広さに象徴されるような，文化への投機的態度と強い関連があるといえる．大学生にとっての良い趣味を実践し，幅広い趣味をもって，大学内でも高い地位にあることを

71

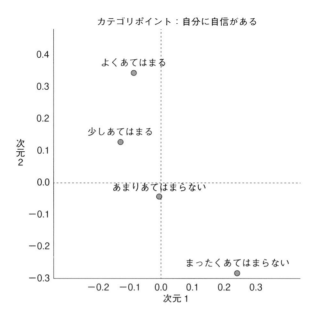

**図 4-9　差異空間での自信度の分布**

出所）筆者作成.

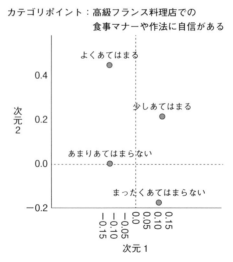

**図 4-10　差異空間での食事マナーや作法の分布**

出所）筆者作成.

# 第 4 章　大学生における「趣味の良さ」と階層意識，ハビトゥスの関係

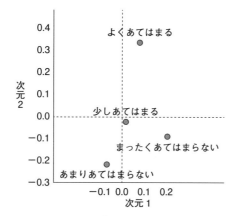

図 4-11　差異空間での進取の気性
出所）筆者作成．

自認している人たちである．彼らは，同時に自分に強い自信をもっており（図4-9），さらには食のテーブルマナーも身につけている（図4-10）ことから，かなり上位の階級文化を身につけていることが推測できる．しかし彼らは高偏差値大学に所属している者は少なく，むしろ偏差値50前後の中堅の私立大学に所属している者が多い．学力で競争的な高偏差値大学の学生は，大学生の差異空間における上位者ではないといえる．

それは高度専門職や上層ホワイトカラーのような支配階層の子どもたちが勉学に時間とエネルギーを投資して高偏差値大学学部に入学したのとは，ある意味対照的である．高偏差値大学の学生は趣味を制限するというハビトゥスによって高い学歴を入手し，その代わり趣味はほどほどにして勉学に励み，大学生になってもその習慣は変わらない．

それに対し，**表 4-5** に示すように，差異空間の次元 2 でプラス側，上の部分に位置するヒップホップ系，洋楽ロック系など音楽にエネルギーを注いでいる学生たち（洋楽・ヒップホップ系）は，そうではない学生（非洋楽系）と比較して，音楽視聴により多くの時間を投資している．さらに趣味の幅を広げるという戦略を取っている者が多く，趣味の数の平均（趣味幅）は非洋楽系よりも多い．またすでに示した図や表でも示したように，大学という社会空間の中での

表 4-5　洋楽・ヒップホップ系の特徴

| | | 上昇競争因子 | 音楽視聴時間 | 幼少時文化資本 | 趣味幅 | 父学歴 | 母学歴 | 世帯収入 |
|---|---|---|---|---|---|---|---|---|
| 非洋楽系 | 平均値(n＝387) | − 0.069 | 119.86 | 7.70 | 6.96 | 4.09 | 3.51 | 6.70 |
| 洋楽・ヒップホップ系 | 平均値(n＝222) | 0.109 | 149.21 | 8.00 | 7.63 | 3.77 | 3.49 | 7.49 |
| | 分散分析 | p=.016 | p=.003 | p=.072 | p=.014 | p=.018 | n.s. | p=.009 |

洋楽・ヒップホップ系＝ヒップホップ，洋楽ロック，ラップ，ハードロック・ヘビメタ，洋楽 POP，R&B のいずれかを週 3 回以上聴いている者
出所）筆者作成.

表 4-6　クラシック音楽趣味の特徴

| | | 上昇競争因子 | 音楽視聴時間 | 幼少時文化資本 | 趣味幅 | 父学歴 | 母学歴 | 世帯収入 |
|---|---|---|---|---|---|---|---|---|
| 非クラシック系 | 平均値(n＝581) | − 0.030 | 125.39 | 7.65 | 7.19 | 3.93 | 3.47 | 6.89 |
| クラシック音楽系 | 平均値(n＝61) | 0.225 | 176.49 | 9.47 | 7.74 | 4.36 | 3.67 | 8.23 |
| | 分散分析 | p=.036 | p=.001 | p<.001 | p=.230 | p=.055 | n.s. | p=.010 |

クラシック音楽系＝クラシック音楽を週 3 回以上きく，クラシック音楽会に年 1 回以上行く，のいずれかに該当する者
出所）筆者作成.

高い象徴的地位を手に入れており，力関係でも趣味の良さでも上位に位置している．彼らのハビトゥスは，大学の社会空間の中で社会関係のうまさや力関係，異性にもモテるなど，多くの生活面で自信があり，自分の思い通りにふるまえるという自由さや進取の気性（**図 4-11**）にも富んでいた．洋楽系学生は，**表 4-5** に示すように上昇志向に関する因子スコアでも高い値を示した．彼らの多くはとくにエリート大学に所属しているというわけではないが，大学という社会空間の中での上位者である．また差異空間で上位にある学生の特徴として，父学歴は相対的に低いが，家族の世帯年収は有意に高かった．つまり文化資本よりも経済資本にゆとりのある社会階層の出身者である．

次に**表 4-6** で，クラシック音楽に積極的に関与する学生の特徴をまとめた．クラシック音楽系は全体の約 10 ％程度で少数派である．彼らの特徴は家族の

世帯収入が高く，とくに幼少時の文化資本が豊かな上層階層出身である．音楽視聴時間も洋楽系よりも多い．社会的に上昇しようとする性向も強い．趣味幅で有意差は生じていないが洋楽ヒップホップ系よりも多い．また父学歴も洋楽系よりも平均的に高い．クラシック音楽の趣味をもつ者は，幼少時より正統的文化に触れた経験の多い，経済的資本も文化資本も豊かな階層出身者であることが特徴である．

### （5）趣味パターンごとの分析

次は，文化的ユニボアと文化的オムニボアという視点から検討してみよう．**表4-7** は大学生の趣味パターンを代表的な 11 のパターンに絞り（片岡 2023），それぞれの特徴をまとめている．

**表 4-7** から，以下の点がわかる．

① 趣味の不活発層の学生達は，いわゆる高偏差値大学の学生も多く，父親の職業も支配階層が多く世帯収入もやや高い（7.63）階層出身者である．しかし上記の洋楽・ヒップホップ系とは異なるハビトゥスを身につけて成長したことがわかる．すなわち，趣味の不活発層の多くが，趣味や文化的なことがらに自己を投機してこなかったということである．趣味幅も狭く（5.29），趣味に投じる時間ももっとも少なく 91 分である．また自らの趣味を良いとも思っていない．おそらく趣味への関心がそれほど高くならないまま，勉学に自己をかける形で自らを形成してきた．それゆえ，大学内では趣味で張り合うことはせずに，大学生としてほどほどの勤勉さでもって堅実な生活を送っている．上昇志向や競争志向も弱い．ただし父学歴や世帯収入は，相対的に高いので豊かな家庭の専門職・ホワイトカラー層の家庭背景をもっている．その多くがエリート大学まで到達したこともあり，不活発層の学生の幼少時文化資本（子ども時代からの正統文化経験）は 8.16 と多く，文化資本の元手となる嗜好は保持している．彼らは社会人になってから正統文化嗜好を実践する可能性は高い．なぜならこれまでの研究ではクラシック音楽や芸術などの正統的趣味と幼少時文化資本が強く関連することがわかっているからである（片岡 1992, 2000, 2019）．

② 特定の趣味を追求するのがユニボアである．ただし **表 4-7** のユニボアは単一趣味という意味ではなく，あくまで複数の音楽趣味と ACG 趣味で分類した場

表 4-7　趣味パターンごとの特徴（数値は平均値、N は人数））

| | N | 上昇競争因子 | 音楽視聴時間 | 幼少時文化資本 | 趣味幅 | 父学歴 | 母学歴 | 世帯収入 | 地位総合指標 | 階層帰属意識 |
|---|---|---|---|---|---|---|---|---|---|---|
| 趣味不活発層 | 63 | − 0.124 | 91.23 | 8.16 | 5.29 | 4.34 | 3.54 | 7.63 | 21.05 | 3.02 |
| 洋楽ヒップホップ系ユニボア | 34 | 0.007 | 125.29 | 7.79 | 6.12 | 3.85 | 3.50 | 6.48 | 22.56 | 3.12 |
| クラシック系ユニボア | 5 | 0.043 | 192.20 | 10.00 | 8.20 | 4.50 | 3.40 | 7.25 | 20.75 | 3.20 |
| アイドル系ユニボア | 86 | 0.042 | 137.73 | 7.24 | 5.76 | 3.83 | 3.32 | 6.43 | 19.63 | 2.76 |
| ACG系ユニボア | 128 | − 0.229 | 106.03 | 7.59 | 4.17 | 4.17 | 3.62 | 6.60 | 18.48 | 2.72 |
| 洋楽ヒップホップ+アイドル系 | 56 | − 0.131 | 134.82 | 8.14 | 6.30 | 3.82 | 3.67 | 8.31 | 21.09 | 2.85 |
| 洋楽ヒップホップ+ACG系 | 50 | 0.195 | 152.96 | 7.84 | 8.18 | 3.65 | 3.48 | 6.88 | 20.24 | 2.85 |
| アイドル系+ACG系 | 72 | 0.038 | 128.33 | 7.57 | 8.40 | 4.06 | 3.44 | 6.32 | 20.81 | 2.79 |
| 洋楽+アイドル+ACG系 | 58 | 0.118 | 151.59 | 7.33 | 9.06 | 3.41 | 3.22 | 7.47 | 20.71 | 2.76 |
| ACG系+クラシック | 13 | 0.244 | 168.46 | 9.00 | 8.92 | 4.33 | 3.62 | 8.00 | 18.77 | 2.85 |
| 4系列すべてのオムニボア | 11 | 0.559 | 185.45 | 9.00 | 8.18 | 4.80 | 3.00 | 9.13 | 23.30 | 3.50 |

出所）筆者作成。

第 4 章　大学生における「趣味の良さ」と階層意識，ハビトゥスの関係

合のユニボアである．つまりほかの趣味はカウントされていないので，趣味幅をカウントしたときに用いた多くのほかの趣味を考慮すると，例外も出てくる．その代表がクラシック音楽ユニボアで，アイドルも ACG 系にも関心はなくロック・ヒップホップも聴かないが趣味幅が広く，これら以外のほかの趣味に幅広い関心を示している．しかしほかの 3 つのユニボアの趣味幅は相対的に狭く，単一趣味というユニボアの特徴に近い．

　つまり**表 4-7** のユニボアの中ではクラシック系ユニボアだけが異質で，出身階層も高く，上昇志向が強く趣味幅はとても広い．しかしそれ以外の洋楽ヒップホップユニボアやアイドル系ユニボア，ACG 系ユニボアは趣味幅も，上昇志向もまた出身階層も高くはない．とくに ACG 系ユニボアの上昇志向は低く，趣味幅も ACG 系がもっとも小さい．父母の学歴資本や世帯収入などの経済資本は，アイドル系ユニボアがもっとも低い．ACG 系ユニボアの父母の学歴はやや高い．

③ 差異空間では分析方法の性格上，複数趣味をもつグループを抽出することは困難である．そこで主要な 6 タイプについて，その特徴をみておこう．まず高尚と大衆の両方を好む文化的オムニボアは，「ACG 系＋クラシック」と「4 系列すべてのオムニボア」が既当する．クラシックを好む点で，似た特徴をもつが，前者の方が上昇志向や階層帰属意識はやや低い．ポピュラー文化の複数趣味の 4 タイプの中では，「洋楽・ヒップホップ系＋アイドル系」を趣味とする者は，家族の世帯収入が高いほうである．また「洋楽・ヒップホップ系＋アイドル系＋ACG 系」の 3 種類を好む者は，趣味幅がもっとも広く 9.06 であった．しかしこれらの違いを明確にする基準は見いだせない．

④ 差異空間の中でももっとも多彩な 4 つの趣味嗜好をもつ文化的オムニボア 11 名の特徴を**表 4-7** の最終行で提示した．彼ら 11 名のうち 9 名が男子で，ACG 系，アイドル系，洋楽・ヒップホップ系，クラシック音楽のすべての趣味に通じているもっとも雑食が極まったタイプである．この究極の文化的オムニボアとなった学生の特徴は，家族の経済資本（世帯収入 9.13），父親の学歴資本，幼少時文化資本においてもっとも豊かな社会階層出身者であることだ．上昇志向や競争志向が高く，上を目指すライフスタイルであり，かつ音楽視

77

聴時間も 185.45 分と長い．音楽や多様な趣味に多くの時間とエネルギーを割いている上層出身の学生である．彼らは自分をオタクだとは思わず，むしろ 7 割が「知性派」だと考えている．しかし自分に自信がある者は 4 割で平均的である．この文化的オムニボアの学生は経済資本も文化資本にも恵まれた出身階層で，かつ自らも多様な趣味や文化活動に時間を割いている．この雑食性が現代のもっとも豊かな階層出身者を象徴している．そして彼らは，彼らが大学という社会空間の中でもっとも階層帰属意識も 3.50 と高く，大学集団内での地位総合指標でも 23.30 で上位の存在となっている．

以上から，学生が趣味に関与するパターンと趣味の幅が，彼らの出身階層と一定の関係があることがわかる．そしてクラシック音楽は経済資本も文化資本も豊かな家庭出身者の趣味となっていた．またクラシック音楽や洋楽・ヒップホップ系を含んだ，多様な文化的オムニボアになる者は，少数ではあるが，大学生の社会空間で卓越化した意識をもち，上昇志向や階層帰属意識の高さとも連動しつつ，差異空間の上位に位置していた．この洋楽・ヒップホップ系が大学生にとっての新興文化資本となっている可能性が高い（仮説 3）．

## 9 希望する職業の社会空間と差異空間の対応

では，次に学生の社会空間について，将来こうありたいと思う職業や立場決定との関係で，未来志向の時間軸を加味してみてみよう．

ブルデューは「社会階級なるものは存在しないのです．存在するのは社会空間であり，差異の空間であって，そこでは諸階級が潜在的状態で，点線で，つまり 1 つの所与としてではなく，これから作るべき何かとして存在するのです」という（Bourdieu 1994=2007: 32）．大学生にとってはまさにこれからどういった集団に所属し何を手に入れたい（賭金）と思うのか，さまざまな趣味や立場決定，それが音楽であれ，ファッションであれ，勉学内容や意見であれ，将来の地位であれ，社会的世界とは「他人と協力したり衝突したりしながら集団的に作り出すべきもの，構築すべきもの」であると述べている．

そして社会空間における 2 種類の資本（経済資本と文化資本）の配分構造の違いで占めている位置が，「その空間についての表象や，この空間を保守または

変革するための闘争における立場決定を支配している」（Bourdieu 1994=2007: 32）という．簡単に言えば，自分が持っている武器が経済資本か文化資本か，どちらの比重が大きいか，それともどちらも少ないのかといった資産構造によってある程度まで決まってくるハビトゥスと立場決定があるが，それは客観的構造（客観主義や唯物論，構造主義）で決まってしまうものでもなく，逆に主観的構築（エスノメソドロジーたちの主観主義的立場や観念論）がすべてというわけでもない，この二者択一を超えたところにあるというのである．

　大学生というのは，一定の学歴選抜を受けており，文化資本という点では中間以上に位置づけられる．しかしその内部分化は大きく，学力差もあれば，すでに趣味の差異空間の**図 4-3**でみたように，集団としていくつかに分化している．そこで次の仮説を設定した．

〈仮説 4〉趣味の差異は，将来希望する職業と関連する

　2018 年大学生全国調査では，「あなたが将来，つきたいお仕事は，次のうちどのようなものですか」と質問し，マルチアンサーで回答を求めた．**図 4-12**は，11 種類の「就きたい仕事」カテゴリーの重心を MCA の差異空間にプロットした結果である．傾向としていえることは，ACG 系趣味の近くに，「情報系・IT 系の仕事」希望があり，また「人と接しない仕事」もある．アイドル系趣味の近くには，「接客の仕事」，「営業の仕事」，「人の世話や介護の仕事」，「人からあこがれられる仕事」が位置していた．不活発群の中には「事務的な仕事」が位置している．また美術館訪問の近くには，「クリエイティブな仕事」，「高度な専門職」が位置していた．原点付近には「人に教える仕事」「才能やセンスを生かせる仕事」が位置するが，趣味との関連は弱いといえる．4つの趣味系列をすべて愛好している文化的オムニボアの 11 名が希望する職種は，「クリエイティブな仕事」「才能やセンスを生かせる仕事」が多かった．以上の結果から，就きたい仕事の特徴と趣味が一定程度関連していることがわかる．仮説 4 は支持される．

　アイドル系趣味は女子大生が多いこともあるが，接客や営業，世話・介護といった対人関係を中心とする仕事を希望する者が多く，知的な仕事や高度な専門職とは距離がある．このように将来の仕事において被支配的な立場へと向か

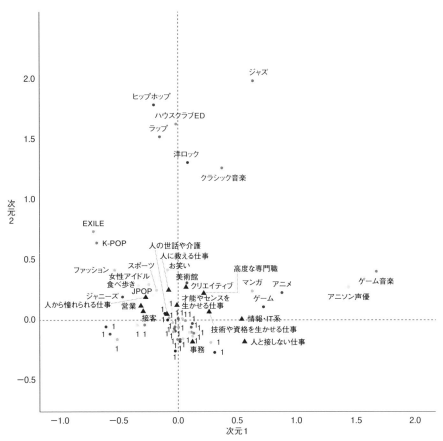

図 4-12 「就きたい仕事」と差異空間

出所）筆者作成．

うハビトゥスは，彼らのジェンダーや出身階層とも無関係ではない．もちろんこれは確率的な話であるので，すべてがそうだということではない．しかし蓋然性，つまり確率的な傾向としてキラキラしたアイドルという3次元の人物を追いかける心性は，人と接する仕事に直結して3次元愛好と連動している．

逆に2次元 ACG 系を好む学生は，男性にやや多いこともあり，人と接しない仕事や情報系・IT 系を好み，2次元的な嗜好を継続させているのかもしれない．

このように学生の趣味嗜好やハビトゥスと希望する職種の間には，一定の関

連性が認められるのである．それは予定調和のように，ハビトゥスが現在の大学生の社会空間から，未来に参入する社会界の違いへと断絶なく転移しているからともいえるだろう．

## ま と め

　大学生の趣味や音楽趣味には，その愛好者の趣味判断（良い趣味かどうか）にジャンル間で序列があることが明らかになった．大学生が同学年の中で自分の趣味を良いと思うかという判断（趣味評価）が正規分布をしていた点も重要だが，ラップやヒップホップ系の愛好者が最も自分の趣味を「上」の方だと判断していたことから，現代の若者にとっての「良い趣味」はヒップホップ系であることが明らかになった．

　1990 年代にブライソン（Bryson 1996）がアメリカ人の音楽テイストを分析した論文では，ラップやヒップホップ系はエリートが嫌うジャンルとして認識されていたが，現代ではラップやヒップホップが若者にとって人気であり，その地位を高めている（Lizardo and Skiles 2015）．日本でも今回，ヒップホップ系の音楽が「良い趣味」の代表的なジャンルへとその地位が上昇して，学生の力関係や階層帰属意識とも関連していることもわかり，若者の卓越化戦略として洋楽ロックやヒップホップ系が認識され使用されているといえる．

　クラシック音楽ユニボアは少数で，約 1 割のクラシック趣味者もほとんどがほかの趣味とのオムニボアとなっていた．MCA では析出しにくい文化的オムニボアの存在は，出身階層で上層出身者であり，豊かな経済資本と文化資本をもっている層からでていることも明らかとなった．彼らは学生たちの中の，序列の上位に位置し，上昇志向や競争志向も高く，自信にあふれ，社交能力にも自信をもっている．これと同様なのが，洋楽ヒップホップ系で，彼らの多くが幅広い趣味をもち，大学生の中での地位の上位層を占めていた．大学生の地位指標は，知的能力や学力よりも，趣味の良さや外見的魅力，力関係や尊敬といった象徴的地位が重要となっていた．

　エリート大学の学生の多くが趣味の不活発層となり，趣味幅も小さく活動も活発ではない．高い学歴を求める勤勉さや学力競争で受験を突破する教育戦略

の中で成長してきたハビトゥスが原因でもあり，高い出身階層でありながら趣味や文化に自己投資するライフスタイルを経験した者が少ないのである．彼らは事務職としてホワイトカラーになることを望み，やがては親と同じ管理職や高度専門職になっていくのだろうが，その趣味のライフスタイルは堅実で趣味への没入からは一歩退いた形での青春をおくっている．しかし幼少時文化資本は高いため，社会に出てから正統文化への希求が出てくる可能性は十分に考えられる．

　洋楽ロックやヒップホップを好む学生は，大学生の中の上位の地位を築いているが，彼らの親の文化資本の欠如を流行の新しい音楽ジャンルで埋め合わせようとしている可能性もある．彼らは文化的オムニボア層と似ていて上昇志向も強いが，文化的オムニボア層ほどの完全で十分な資本をもっているわけではない．大学生におけるクラシック音楽趣味と洋楽・ヒップホップ系とのハビトゥスの違いは分化しているが，その違いはまだ十分明確にされたわけではないので，今後の課題である．

　趣味は他者との関係性の中で理解していくことが重要となる．大学生たちの地位判断や趣味の良さの判断が，彼らの社会的秩序，いいかえれば階層化された社会空間として認識され，そこでの趣味間の闘争も起きているのである．

## 付　記
本研究は，学術振興会科学研究費　17H02597 および 21H00498（基盤研究（B）代表片岡栄美）の研究成果の一部である．

## 注
1）agent は行為者と訳されることが多いが，制度などの代行行為者あるいは媒介者という意味をもつ．ブルデューはこれを「取りつかれた者達」「憑依」とたとえており，「彼らが制度の意思の忠実な執行者になるのは，彼らが人間に化した制度そのものだからである」（Bourdieu 1989=2012: 14）と述べる．
2）筆者が過去10年の間に実施した大学生調査では，個別の文化活動において学生の出身階層変数による差異はほとんど見いだせない．
3）心構えの訳は，disiposition: ディスポジション＝性向・配置換えである．
4）ポール・ウィリスが描いたイギリスの労働者階級の少年たちのエスノグラフィ『ハマー

タウンの野郎ども』（Wills 1977=1985）はその好例である．

5）本調査の母集団は全国 4 年制大学もしくは 6 年制大学の学部生であり，学部別学生数を
掲載している『大学の実力』2018 年版を母集団リストとして採用し，確率データを得る
サンプリング設計をした．学部を抽出単位とする確率比例抽出法で，全国 30 大学の計
30 学部を選出し調査を依頼した．文科系学部に関しては抽出された大学学部への依頼で
かなりのサンプルを得ることができたが，理科系学部は研究倫理コードが厳しく調査の
許諾を得ることが困難であったため，協力してくれる理科系学部での調査を実施するこ
とになった．

6）リストには，「音楽を聴く」や「美術・アート」という選択肢があるが，詳しいジャン
ルや種類の違いは問うていないので，それについては次節で検討する．

7）**図 4-2** で平均値より低い趣味活動の数が少ないのは，各趣味の不活発層を表示しなかっ
たためで，彼らのスコア値が平均より低いからである．たとえば週 1 回くらいしか
K-POP をきかない人は K-POP 不活発層に分類され，**図 4-2** に表示されない．

8）文化評価の序列については，片岡（1996，1998，2019）などがある．

9）2018 年の調査時点ではジャニーズ事務所の性加害は問題化していなかったため，本章で
はそのまま使用するが，これ以降は略して「男性アイドル系」と表記する．

10）音楽試聴の項目は週 3 回以上の高頻度で実践したか否かを基準に 2 分割し，舞台・劇場
やホールなどで開催される趣味では，参加実践の有無を基準に 2 カテゴリー化した．

11）イギリスのベネットらによる MCA 分析でも文化実践への参加・不参加の違いの次元が
表れ（Bennett et al. 2009=2017），日本の過去データでも同様の結果が報告されている
（片岡 2018；相澤・堀 2022）．

12）片岡（2023）ではジェンダーによって MCA 上での趣味類型の分化の様相は異なってい
ること，女子の方が男子よりも趣味が明確に分かれることを明らかにした．

13）「ACG 系に含まれる項目」：ゲームをする，アニメをみる，マンガを読む，ゲーム音楽
を聴く，アニメソングや声優の曲をきく，ボーカロイド／同人音楽をきく，同人誌即売
会に行くを中心として構成される．「アイドル系に含まれる項目」：女性アイドルの歌を
きく，ジャニーズ系や男性アイドルの歌をきく，K-POP をきく，EXILE などのダンス
＆ボーカルをきく，（映画を見る，スポーツをする，スポーツ観戦をする，食べ歩き，
お笑いショーを見に行く，ファッションが趣味，旅行・ドライブが趣味など）．「洋楽
ロック・ヒップホップ系・ジャズ・クラシック音楽系の趣味に含まれる項目」：ジャズ，
クラシック音楽をき，ヒップホップをきく，ラップをきく，R&B をきく，洋楽ロック，
洋楽 POP，映画音楽やミュージカル音楽をきく，クラブ／ハウスミュージック／ EDM
をきくなどである．

14）大学生の社会空間を構成する変数として以下を用いた．

①階層帰属意識（上，中の上，中の中，中の下，下の5段階），

②学生自身が「大学生の同じ学年の中で占める地位」を6変数設定した．
具体的には，知的能力や成績，人気，尊敬されているかどうか，力関係上の地位，顔やスタイルなどの外面的魅力，趣味の良さの6変数である．いずれも「学校の同学年の人の中で，どの程度の位置にあるか」を7段階（7＝上，1＝下）の横向きハシゴで提示し，数値で回答してもらった．スコアは各変数が1〜7で，これら6つの地位点数を合計した「地位総合指標」を作成した．

③出身家庭の経済状態（かなり豊か〜貧しいほうだの5段階），家族の世帯収入

④父親学歴，母親学歴，父親の職種

⑤ハビトゥスにかかわる意識項目

⑥将来就きたい仕事の種類

15）家庭の経済状態については，主観的判断と客観的世帯年収の2種類で測定している．

16）現在の家族の経済状況を「かなり貧しい，あまり豊かではない，ふつう，まあ豊かなほう，かなり豊か」の5段階尺度で質問し，階層帰属意識の5段階尺度と相関をとった．


## 参考文献

相澤真一・堀兼大朗，2022，「日本社会における分析ツールとしての文化資本――『文化・階級・卓越化』を踏まえた計量分析」『教育社会学研究』110：115-136.

Bennett, T., M. Savage, E. B. Silva, A. Warde, M. Gayo-Cal and D. Wright., 2009, *Culture, Class, Distinction*, Routledge.（＝2017，磯直樹ほか訳『文化・階級・卓越化』青弓社.）

Bourdieu, P., 1979, *La Distinction: Critique sociale du jugement,* Minuit.（＝2020，石井洋二郎訳『［普及版］ディスタンクシオン――社会的判断力批判Ⅰ・Ⅱ』藤原書店.）

―――, 1989, *La nobllese d'Etat: Grandes Ecoles et Esprit de Corps*, Minuit.（＝2012，立花英裕訳『国家貴族――エリート教育と支配階級の再生産Ⅰ・Ⅱ』藤原書店.）

―――, 1994, *Raisons Pratiques: Sur la théorie de l'action*, Seuil.（＝2007，加藤晴久ほか訳『実践理性』藤原書店.）

Bryson, B., 1996, ""Anything but Heavy Metal": Symbolic Exclusion and Musical Dislikes," *American Sociological Review*, 61（5）：884-899.

Friedman, S., 2012, "Cultural Omnivores or Culturally Homeless? Exploring the Shifting Cultural Identities of the Upwardly Mobile," *Poetics*, 40（5）：467-489.

片岡栄美，1992，「社会階層と文化的再生産」『理論と方法』7（1）：33-55.

―――, 1996，「階級のハビトゥスとしての文化弁別力とその社会的構成――文化評価におけるディスタンクシオンの感覚」数理社会学会編『理論と方法』11（1）：1-20.

―――, 2000,「文化的寛容性と象徴的境界――現代の文化資本と階層再生産」今田高俊編

『社会階層のポストモダン』（日本の階層システム 5）東京大学出版会 ,181-220.

―――, 2003,「「大衆文化」社会の文化的再生産――階層再生産 , 文化的再生産とジェンダー構造のリンケージ」宮島喬・石井洋二郎編『文化の権力―反射するブルデュー』藤原書店 , 101-135.

―――, 2018,「文化的オムニボア再考――複数ハビトゥスと文脈の概念からみた文化実践の多次元性と測定」『駒澤社会学研究』50：17-60.

―――, 2019,『趣味の社会学――文化・階層・ジェンダー』青弓社 .

―――, 2020,「女子大生にみるアニメ・ゲーム系オタクとアイドル系オタクの象徴闘争」『ユリイカ 特集 女オタクの現在――推しとわたし』青土社，52（11）：296-304.

―――, 2022,「文化的オムニボアとハビトゥス，文化資本――文化的雑食性は新しい形態の文化資本か」『教育社会学研究』110：137-166.

―――, 2023,「若者たちの趣味判断と趣味の差異空間――ACG 趣味，アイドル趣味，ヒップホップ系および正統趣味の関係性」『駒澤社会学研究』61：33-58.

Lizardo, O. and S. Skiles, 2015, "Musical Taste and Patterns of Symbolic Exclusion in the United Staes 1993-2012: Generational Dynamics of Differentiation and Continuity." *Poetics*, 53: 9-21.

Peterson, R. A., 1992, "Understanding Audience Segmentation: From Elite and Mass to Omnivore and Univore," *Poetics,* 21: 243-258.

―――, 1997, "The Rise and Fall of Highbrow Snobbery as a Status Marker," *Poetics*, 25:75-92.

Peterson, R. A. and R. M. Kern, 1996, "Changing Highbrow Taste: From Snob to Omnivore," *American Sociological Review*, 61（5）: 900-907.

Willis, P., 1977, *Learning to Labour: How Working Class Kids Get Working Class Jobs,* Saxon House,（＝1985，熊沢誠・山田潤訳『ハマータウンの野郎ども――学校への反抗・労働への順応』筑摩書房.

## 第5章

# 食の実践・卓越化・正統性
## ── グルメからフーディーへ

### 村井 重樹

## は じ め に

　食べることは，私たちの生活において欠かすことのできない，もっとも基本的な活動の1つである．人間はもちろん，生きていくためには何かを食べて栄養を摂らなければならず，どのような形態をとるにせよ，日々それを怠ることはできない．しかし，私たちにとって食事は，そうした単なる栄養摂取にとどまるものでもない．食事には，どのような食べ物や料理を好むか，どのようなレストランに足繁く通うか，どのような礼儀作法やマナーを重んじるか，どのような人たちとテーブルを囲むか，どのような知識や技術を身につけるか，あるいはどのような外見を理想とし身体を管理するかといった，さまざまな社会的・文化的要素が関係している．そしてこれらは，社会的地位やアイデンティティと密接なつながりを保ちつつ，私たちの社会関係において一定の役割を果たし続けている．食事は，栄養摂取という基本的欲求の充足をはるかに越え，人間相互の関係に埋め込まれた社会的営みであると同時に，そのなかで自分が何者かを呈示するための重要な社会的しるしにもなっているのである．

　本章では，このような私たちの食べるという社会的営みを，ブルデューの文化社会学を基点として考察する．ここでとくに注目したいのは，私たちの社会関係のなかで食が果たしている社会的・文化的な働き，具体的には食の文化的正統性を媒介とした卓越化と不平等の関係についてである．食べるという行為は，毎日毎日繰り返し訪れる平凡でささいなおこないにすぎないと言うことも可能であるが，その一方で，歴史的に見てもさまざまな形で権力や支配の問題

と結びついてきた．本章は，これらの問題を念頭に置きながら，ブルデューの文化的卓越化や正統化という分析視角を用いて食べることについての社会学的な探究を進めていく．いいかえれば，本章の問いは，食の文化領域において人々の卓越化や正統化の様相はどのように捉えられるのか，また，そこで見出された卓越化や正統化の様式は，現代の食の文化領域においても同様に妥当し続けているのか，である．ブルデュー社会学を基盤に据えることによって，こうした食べるという日常の実践が，どのように私たちの階級的現実や文化的不平等へと通じているかを検討していきたい．

## 1　食事の礼儀作法と社会階級

　食事にまつわる一連の礼儀作法や規範が歴史的過程を通じて社会階級と強く結びついてきたことを鮮やかに示した社会学者の一人として，ノルベルト・エリアスを挙げることができる．エリアスは，彼の著書『文明化の過程』において，ヨーロッパの礼儀作法書の歴史的変遷を丹念にたどりながら，食事に関する礼儀作法やふるまいの基準の変化が，人々の感情や感性の様式といかに密接な関係をもち，かつそれがいかなる社会的役割を果たしてきたかを明らかにしている．というのも，礼儀作法書は，それぞれの時代の社会に見られる食事のふるまいを例証しているだけでなく，礼儀作法のモデル，すなわち何が上品で正統な食事のふるまいなのかに関する基準を教えてくれるものだからである．

　そのなかでエリアスは，食卓での肉の出し方やフォークの扱い方が，中世から近世にかけて，ヨーロッパの上流階級のあいだで徐々に変化していく様子に着目している．たとえば，中世では，牛や豚や鳥などの肉は丸ごともしくは大きな塊のまま食卓に出され，その上で切り分けられていた．そのため17世紀頃までの礼儀作法書では，供された大きな動物の肉を食卓の上で上手に切り分けられることが，上流階層の人々にとってどれほど大切であるかが説かれている．若いときから肉の切り方を学ばなければならない，しかるべき手順で手際よく肉を切り分けなければならない，一番良い部分を見分けてそれをほかの人たちに給仕し一番悪い部分を自分に取っておかねばならない，など．しかしその後，大きな肉の塊を食卓の上で扱うこと自体が忌避されるようになり，この

風習はしだいに廃れていく．それは，死んだ動物を連想させる大きな肉の塊を食卓に出すことが，人々に不快感を抱かせるようになったからである．こうして生々しい動物の肉の塊は，あらかじめ店や調理場で処理され，食卓から締め出されて，徹底的に社交生活の舞台裏へと移されていくのである．

　ナイフの使用に関する禁令も同様に変化を遂げてきた．中世の禁令は，「ナイフで歯をせせってはならない」（13世紀頃）という程度の比較的限られたものであったが，「ナイフを自分の顔へ持っていってはならない」（15世紀頃），「誰かにナイフを渡すときには，刃先を自分の手に持って，柄の方を相手に向けて差し出さなければならない」（16世紀頃）というふうに時代とともに制約が厳しくなっていき，ナイフを顔に近づけることがタブーとされるようになる．さらには，「ナイフを使わずに切れるものは何でも，フォークだけを使って切るべきだ」（19世紀頃）と説かれるようになり，死や危険を想起させ，不快な連想を呼び起こすナイフの使用それ自体が，食卓では強く制限され忌避されるようになっていく．

　このようにしてエリアスは，歴史を通じて礼儀作法やふるまいの基準が高度化することで，人々の感情や感覚の様式がよりいっそう繊細になっていく過程を描き出した．食卓での作法や禁令が増大し厳格になればなるほど，人々の不快を感じる範囲が押し広げられたのである．その動物の元の姿を想起させる大きな肉の塊が食卓の上に乗ること，ナイフを顔の周囲に近づけること，大皿から手づかみで食べ物を取ること，食事中に手で鼻をかむことなど，中世では誰も気に留めなかった多数のふるまいがタブー視されていくのと軌を一にして，人々はそれらに対し不快感を覚えるようになっていく．したがって，人々に生まれつき具わっているものと考えられるような「洗練された」感受性はそれ自体，こうした歴史的・社会的過程のなかで生成したものなのである．

　他方で，エリアスは，こうした食事にまつわる礼儀作法やふるまいが，ある階級をほかの階級から切り分けるものとして機能してきたことも指摘している．礼儀作法書は，ある特定の階級，すなわち上流階層に向けて書かれている．それは，とくに地方貴族や市民階層が模倣のモデルとなる宮廷社会の礼儀作法や風俗を知りたいと望んだからである．彼らは礼儀作法書を通じて宮廷社会の風俗や流行を取り入れると，多少なりともそれに変化を加えていくように

なる．それに対して宮廷貴族は，そのモデルが下の階級へと浸透していくにつれ，自分たちのふるまいの基準をよりいっそう洗練させてほかの階級から区別を図ろうとする．エリアスによれば，こうしたモデルとしての価値の下落が，「上流階層における礼儀作法の持続的な変動を起こす原動力の一部となっている」（Elias 1969=1977: 231）．見方を変えれば，モデルを作り出す階級は，そもそも礼儀作法書など必要としないということでもある．

　以上のように，エリアスは，礼儀作法やふるまいの洗練化が不快感の幅を広げ，人々の感情や感覚を繊細で鋭敏なものにしていく様子を歴史的に詳らかにした．そしてこの文明化の過程のなかで，宮廷貴族や上流階層のふるまいの基準が模倣すべきモデルとして徐々に社会全体へと普及していく一方，宮廷貴族や上流階層がそれを繰り返し発展させることで，ほかの階級から卓越化する手段として用いていたことを見出した．食事にまつわる一連の礼儀作法やふるまいの基準は，こうした過程の一部をなし，社会階級との強固な関係性を築いてきたのである．

## 2　食事様式と卓越化

　食と社会階級との結びつきは，こうした旧来の社会にのみ見出されるような歴史の一コマにすぎないのであろうか．ところが，現代の社会においても，礼儀作法やふるまいはもちろん，食べ物の味覚や好みまでもが，依然として社会階級と密接な関係性を保っていることを克明に描き出したのが，ピエール・ブルデューである．ブルデューは，1979年に出版された『ディスタンクシオン』のなかで，ハビトゥス，場，経済資本／文化資本といった諸概念を用いながら，フランス社会を対象とした文化実践の分析をおこない，それぞれの社会階級が食をめぐって正統化と卓越化を繰り広げている様相を示している．ブルデューによれば，食物の好みは，「人生における最初の体験的習得の，最も強烈で最も不変のしるし」（Bourdieu 1979=2020 I: 138）であり，したがってそこには，幼少期から人々が置かれてきた生活条件，すなわち社会階級の痕跡が深く刻まれているのである．

　ブルデューは，食事様式に関して，支配階級と庶民階級とのあいだに鋭い対

照性を見出している．支配階級は正規の手続きにしたがった食べ方を重視するのに対して，庶民階級は気取らない食べ方を好むというのである．一方の庶民階級の食事では，形式ばった，堅苦しい作法は抜きにして自由気ままにふるまえることが大事にされる．たとえば，大勢で食事をする際，料理を出す順番にはこだわらずにすべての料理を同時にテーブルの上に並べたり，料理が異なっても同じ皿を使い続けたり，コーヒーをかき混ぜるスプーンを一同で使いまわしたりするなど，仲間内での気兼ねや遠慮のない関係が望まれる．

　他方の支配階級の食事では，常に厳格な規則や作法が重んじられる．たとえば，目の前に出された料理に慌ててむしゃぶりつくこと，出てくる順番の異なる料理が同時にテーブルの上に置かれること，デザートの際にテーブルの上に余分なもの（塩入れやパン屑）が残されることなどはもっての外であり，きちんとした形式を踏むことが尊重される．正規の手続きというのは，「何よりもリズムであり，そこには待つこと，遅れること，こらえることなどが含まれる」(Bourdieu 1979=2020 I: 319)．ブルデューによれば，支配階級にとって食事は，人間の動物的本性や基本的欲求を排した社会的儀式であり，そこに彼らの美学や行動哲学が映し出されているのである．

　さらにブルデューは，食事の様式だけでなく，食べ物の味覚や好みにも階級に応じた明確な差異が見られるという（Bourdieu 1979=2020 I: 299-304）．庶民階級は，食事の量を重視するだけでなく，安価で栄養豊富な食べ物やこってりした重たい食べ物（豚肉やハム・ソーセージ類，じゃがいも，パンなど），すなわち実質的な食べ物を好む傾向がある．しかし支配階級は，職種（階級内集団）に応じて異なりながらも，庶民階級とは対立的な味覚や好みを示す．たとえば，工業実業家や大商人は，カロリーが豊富で重たい食べ物を好むという点では庶民階級と同じであるが，経済的拘束がゆるやかである分，そのなかからより高価なもの（ジビエやフォワグラなど）を消費する傾向が高い．対して自由業や上級管理職は，重たいものや脂っこいものではなく，軽いものや繊細なものを好み，高価であると同時に入手しにくい食べ物（仔牛や仔羊，新鮮な野菜や果物）を使った伝統的な料理へと向かう傾向をもつ．そして教授層は，いかにも豪勢な食事を避け，経済的コストを抑えつつも，異国趣味（イタリア料理や中華料理）や庶民性（田舎料理）によって独自性を追求しようとする傾向が見られる．

第 **5** 章　食の実践・卓越化・正統性

　では，なぜこうした食の実践は社会階級に応じて異なる姿を見せるのか．いいかえれば，なぜそれぞれの社会階級は，特定の食事様式や味覚を当たり前のように好み，進んでそれらを選び取っていくのか．ブルデューにしたがえば，まさしくそこにハビトゥスが作用しており，このハビトゥスを形作る生活条件，すなわち経済資本／文化資本の配分構造がその理解の鍵を握っている．

　まず，食の実践にあらわれる支配階級と庶民階級との対立は，「形式と機能あるいは実質との対立」もしくは「必要趣味と贅沢趣味あるいは自由趣味との対立」として捉えることが可能である．ブルデューによれば，「量と質，豊富なごちそうと軽い料理，実質と形式あるいはマナーといった対照は，必要性にたいする距離の違いから生じる」（Bourdieu 1979=2020 I: 22）．資本の総量が豊富な支配階級は，必要性から大きく距離を取ることができるため，食欲や快楽の即時的な充足を否定し，食べ物の質や軽さ，礼儀作法や調理法といった形式を重視する．対して，資本の総量が貧弱な庶民階級は，目の前の必要性に自らを適合させ，食べ物の量や栄養，気取りや遠慮のない関係といった実質を最優先にする．ブルデューは，「機能にたいする形式の優越」によって特徴づけられる前者を自由趣味（もしくは贅沢趣味）と呼び，必要性それ自体の産物である後者を必要趣味と呼んでいる．こうしたハビトゥス，すなわち美的性向を形成する支配階級と庶民階級の生活条件の差異が食の実践の対立を生み，「形式の優越」を基盤とした自由趣味に付与される高度な文化的正統性を媒介にして，支配階級は食に関する洗練された嗜好や外観を呈示することができるのである．

　また同時に，こうした食の実践の対立は，社会階級間だけではなく，階級内集団間にも見出せる．ブルデューによれば，この対立は経済資本と文化資本の構成比にもとづく美的性向の差異によって説明できる．たとえば，資本の総量が豊富な支配階級のなかでも，工業実業家や大商人は，相対的に見れば経済資本が豊富で文化資本が貧弱であるために，生産労働者や職人や小商人と大衆的な嗜好を共有しながらも，経済的余裕を通じてより高価でカロリーの高い食べ物を選好する．反対に，文化資本が豊富で経済資本が貧弱な教授層は，経済的コストを抑えた禁欲的な消費に向かいつつ，文化的な独自性を追い求めて珍しい風変りな料理を志向する．さらに両者の中間に位置する自由業や上級管理職は，両者から距離を取り，重たい食べ物や野暮ったい料理を避け，軽いものや

91

洗練されたものを好んで食べる．こうして経済資本と文化資本の比重の差異が，彼らのハビトゥスの差異を生み，それに伴う美的性向の差異が，食事様式や味覚などを含む食の実践を階級ごとに分岐させ，かつ互いに相容れないものにするのである．

　かくしてブルデューは，食に関する趣味や嗜好が，ハビトゥスを通じて社会階級間ならびに階級内集団間で分化し，相互に対立し合っている様相を鮮やかに描き出した．そして，機能や実質に対して形式を優位に置くことが食の文化的正統性を担保し，それが食の実践に関して社会階級間の序列と対応関係をもつこと，またさらには，経済資本／文化資本の構成に応じた美的性向の差異が社会階級間ならびに階級内集団間の食に対する嗜好の対立を引き起こし，食の領域で文化的正統性をめぐる卓越化の闘争が繰り広げられていることを明らかにしたのである．この点に関して，ブルデューは，「美学上の不寛容は，恐るべき暴力性をもっている．異なる生活様式にたいする嫌悪感は，おそらく諸階級間をへだてる最も越えにくい障害のひとつであろう」（Bourdieu 1979=2020 I: 101）と述べ，食もまた，それぞれの社会階級のあいだに象徴的な境界線を引く重大な役割を果たしていることを示したのである．

## 3　食の実践と文化的オムニボア

　ブルデューは，各自の意志にゆだねられ，自発的に選び取ったように見える食の好みやスタイルが，やはり社会階級と明確な対応関係で結ばれていることを暴き出した．たしかに，こうしたブルデューの文化的卓越化モデルは，その後，食と社会階級の関係性という社会学の主題に取り組む際に貴重な先導役を果たしてきた．しかし，ブルデューの示したモデルが1960年代のフランス社会の調査結果に基づいていたことから，その再検証が図られてきたことも事実である．なかでも1990年代に台頭した文化的オムニボア論は，ブルデューの文化的卓越化モデルの見直しを図り，それに対して重要な問題提起をおこなってきた．

　ここでいう文化的オムニボア（cultural omnivore）とは，特定のジャンルに嗜好や活動を制限することなく，あらゆるジャンルにわたって雑食的に文化を消

費し実践する人々のことを意味する．この概念の提唱者であるリチャード・ピーターソンは，1990年代に発表した論文のなかで，アメリカ社会における音楽趣味と社会階級との関係を計量分析によって検証し，ブルデューの卓越化モデルとは異なる文化実践の様相を描き出した．すなわち，低地位層は，それと呼応する特定のジャンルの音楽（カントリー，ブルース，ラップなどの音楽）を1つか少数のみ選好するのに対し，エリート層は，特定のジャンルに制限されない幅広い音楽（クラシック音楽からそのほかのあらゆる音楽形式にいたるまで）を選好する文化的オムニボアになっているというのである．かくして文化的オムニボア論は，雑食的な文化的嗜好が広がりを見せつつも，とりわけそれがエリート層と親和関係にあることを示し，文化的正統性の序列と社会階級の序列が明確な対応関係をなすものとして捉えるブルデューの卓越化モデルに異議を唱えたのである．

　食の領域に目を移せば，ブルデューの卓越化モデルの典型ともなる，高度な文化的正統性を備えた料理としてフランス料理を挙げることができる．フランス料理は，料理法の体系化や食卓作法のコード化を通して，ガストロノミーとも呼ばれる「食の美学」を確立し，食の正典としての地位をグローバルに獲得してきた．高級料理（haute cuisine）としてのフランス料理に体現される体系性や儀礼性は，まさしくブルデューがいうところの「形式」にほかならず，上流階級ときわめて親和性が高い料理文化であるといえよう．従来の食の領域における卓越化では，こうした体系性や儀礼性を重んじる，いわゆる高級料理がその媒介役を担ってきたのである．

　ところが，文化的オムニボア論の隆盛とともに，食の領域でも人々が雑食性を高めている傾向が指摘されるようになり，ブルデューの卓越化モデルの見直しが進められつつある．たとえば，上述の高級料理やグルメ文化の代表格であるフランス料理にしても，郷土料理やエスニック料理に含まれる大衆的な要素を自ら取り入れたり，過剰な華美や形式を取り除いてダイニング空間をカジュアル化したりすることによって，かつてのような敷居の高さを軽減させ，高級料理の民主化が進んだと言われるようになっている．社会学者のジョゼ・ジョンストンとシャイヨン・バウマンの言葉を借りれば，「フランス料理の脱聖別化」（Johnston and Baumann 2015=2020）が生じており，少数のエリートだけがア

クセスできるものではなくなるにつれ，フランス料理は文化的正統性の絶対的な基準としての地位を喪失してきたのである．

このように食の領域においても，格式やマナーの制約が総じて緩やかになり，人々が特定の社会階級に対応する食材や料理から解放され味覚を広げていくことで，各種の食のジャンルを相互に横断しながら消費する雑食化が進行してきた．そして，とくに上流階級のなかでは，文化的正統性の序列の頂点に位置する高級料理を狭量的に好むようなブルデューの卓越化モデルと異なり，豪奢なフランス料理店から路地裏のエスニック料理店，さらには場末の大衆食堂にまで幅広く足を運ぶような，従来の文化的垣根を越えた食の実践を展開する文化的オムニボアが存在感を増していることが指摘されるようになっている．

## 4　グルメ文化と真正性

では，現代のグルメ文化のなかで，多様な料理や食材へと階級をまたいで越境的に手を伸ばしていく文化的オムニボアは，支配や不平等とは無縁の存在だといえるのだろうか．しかしながら，従来の経験的研究の成果を踏まえれば，文化的オムニボアはエリート層との親和性が高いことが知られている．ここでは，こうした食の領域において文化的オムニボアの台頭がもつ意味を，近年，食への意識が高い人々を指す言葉として浸透しつつある「フーディー（foodie）」の食の実践を通じて考察してみることにしよう．

ジョンストンとバウマンは，著書『フーディー』において，フーディーを，「良い食べ物について学ぶことと良い食べ物を食べることに強い関心をもっている人」（Johnston and Baumann 2015=2020: 114）と定義している．より具体的に言えば，フーディーは，「食を，生物学的な生命維持の手段としてだけでなく，自分のアイデンティティの重要な一部として，そして一種のライフスタイルとして考える人」（Johnston and Baumann 2015=2020: 25-26）である．すなわち，フーディーとは，上質の食材，各種の料理や調理法，話題のレストランやシェフ，さらには食の歴史や社会問題についての知識を日々追い求め，それらを積極的に開拓しながら食についての良し悪しを判断することを自らの生活やアイデンティティの中心として位置づけている人たちのことを指すといえよう．

第 5 章　食の実践・卓越化・正統性

　しかしながら，フーディーは，従来から良い食べ物を追い求める人々を指す言葉として用いられてきた「グルメ（gourmet）」と同じではない．それどころか，ジョンストンとバウマンによれば，アメリカ社会でグルメからフーディーへとその呼び名が変化したことには重大な意味があるという．それは，グルメが美食家や食通を連想させ，絢爛豪華なフランス料理や格式高いレストランを排他的に好むスノッブとして捉えられてきたのに対し，フーディーは，そうしたエリート主義的な態度を拒否しながら，高級なものから大衆的なものまで，彼らが良い食べ物と考えるものには何にでも関心を寄せるような，一層幅広い包摂的な嗜好の持ち主であることを含意しているからである．この意味で，フーディーは，旧来のグルメと異なり，文化的垣根をまたいで多様なジャンルの食べ物を志向する文化的オムニボアとして理解できるのである．

　ただし，文化的オムニボアとしてのフーディーは，あらゆる食材や料理やレストランに見境なく手を伸ばしているわけではない．たしかにフーディーは，スノッブとしてのグルメのように，自らの高い階級的位置に見合った特定の種類の食べ物やレストランにのみ活動の範囲を制限しない．しかし同時に，フーディーは，彼らなりの文化的正統性の判断基準を用いながら，さまざまな食べ物やレストランのあいだに区別を設け，自らにとってふさわしいものを選び取っているのである．それならば，フーディーは，どのような食の特性に価値を置き，文化的正統性を見出しているのだろうか．

　ジョンストンとバウマンは，アメリカ社会を対象として，グルメ雑誌や新聞やブログの記事の分析およびフーディーへのインタビュー調査を実施した結果，現代のグルメ文化においては食べ物の選択を文化的に正統化するのに「真正性（authenticity）」，すなわち「本物であること」が重要な鍵を握っていると指摘している．そして，彼らによれば，この食の真正性は，①地理的特殊性，②シンプルさ，③人格的つながり，④歴史と伝統，⑤エスニックなつながりという5つの特性で主に構成されているという．

　1つめの地理的特殊性は，特定の地域や都市や町といった具体的な土地と結びつき，それ固有の場所性をもつ食べ物のことを指す．たとえば，中国・四川省の四川料理，アメリカ・テキサス州のテキサス・バーベキュー，あるいは南フランスのロックフォール・シュル・スールゾン村で作られるロックフォー

ル・チーズなど，特殊な土地や場所と接続された食べ物である．地理的特殊性をもつ食べ物は，一般のレストランやスーパーマーケットなどを通じてアクセスできる，ありふれた料理や大量生産品の対極にあり，その地理がより特殊になればなるほど，希少性が高まり真正性が増大する傾向にある．

　２つめのシンプルさは，調理や盛りつけの単純明快さ，料理人や食品生産者の気取りのなさや実直さ，あるいは食事の舞台の素朴さなどによって表される．たとえばそれは，素材そのものを味わうような無加工の完熟フルーツ，自家製の手作りジャムやドレッシング，家族農場で育てられた有機野菜，仰々しさや無駄のない料理の盛りつけ，フォーマルな作法や服装に固執しないレストランの気取らない雰囲気，あるいは生産者が営む牧歌的な生活様式などを含んでいる．このような現代の産業社会の複雑さから距離を置いた食べ物は，「シンプルである」と形容され，それが素朴さや純粋さや実直さを喚起するために真正なものとして高く評価される．

　３つめの人格的つながりは，特定のシェフや料理人，あるいは食品生産者など，個々の具体的人格と結びついた食べ物のことである．たとえば，有名シェフが作る創造的な個性あふれる料理，特定可能な生産者や職人が手間暇かけて育てた農産物，あるいは家伝のレシピで製造された食品などである．これらの食べ物は，誰が作ったかが分からない工場生産品や大量生産品と異なり，作り手の顔が見えるため，その個性や創造性を注ぎ込まれたものとして理解される．こうした人格を与えられた食べ物は，しばしば芸術作品に例えられ，その作り手は芸術家として扱われることも珍しくない．

　４つめの歴史と伝統は，その名の通り，それ自体がもつ歴史や伝統に接続された食べ物である．たとえば，昔から変わらずその土地で作り続けられてきた郷土料理，家族が代々継承してきたレシピ，あるいはフランス料理の古典との格闘の末に生まれた独創的な一皿などである．こうした特性をもつ食べ物は，時の試練に長く耐え，歴史的連続性を確立することで正統性を獲得し，その伝統に則ることあるいはそれと対峙することによって高い価値が生み出される．

　５つめのエスニックなつながりは，食べ物とエスニシティとが明確な対応関係によって支えられていることを意味する．たとえば，日本料理のレストランでは日本人の料理人が，インド料理のレストランではインド人の料理人が，タ

イ料理レストランではタイ人の料理人が料理を作っていることなどである．その国（地方）の料理をその国（地方）の料理人が，その国（地方）の本来の素材や手法で調理しているからこそ，それは本場の料理として認められ，味わう価値が高くなるということである．

　現代のグルメ文化は，これらの5つの特性からなる食の真正性に顕著な価値を認めている．フーディーは，この真正性という判断基準を用いることで，旧来の高級料理の枠内に収まらない幅広いジャンルの食べ物や料理やレストランのなかから，それが経験するに値するかどうかをふるいにかけているのである．フーディーは，一見したところ，高級なもの／大衆的なもの，豪勢なもの／質素なもの，洗練されたもの／粗野なものなどといった従来の象徴的境界を飛び越えて，さまざまな媒体を通じて食の情報を収集し，あらゆる場所に足を運んでそれを口にし，日々手当たり次第に開拓を進めているかのように見えるけれども，実際には真正な食べ物，すなわち本物の食べ物に重大な価値を見出し，その鑑識眼にかなう良い食べ物を慎重に選別しているということだ．

　こう見ると，たしかにフーディーは，高価であると同時に高い格式や体系性を重んじる高級料理をとりわけ好んで地位を呈示するスノッブとは程遠い．フーディーは，食べ物や料理が真正であると判断できれば，高価であろうとなかろうと，豪華であろうとなかろうと，瀟洒であろうとなかろうと，それに食としての価値や正統性を見出していく．そのため，彼らは，外国のその土地固有のチーズをわざわざ取り寄せたり，地元の農園で作られた無添加の自家製ジャムを欠かさず手に入れたり，料理人や生産者の経歴や理念を詳しく調べたり，ある国や地方の歴史や伝統を重んじる料理を熱心に追い求めたり，猥雑な雰囲気が漂う路地裏にたたずむ本場のエスニック料理店に足繁く通ったりもする．彼らは，価格の面でも作法の面でも敷居の高いフォーマルな高級レストランを，その威光を拠り所として高く評価したりはしない．フーディーにとってもっとも重要なのは，自分が口にしようとする食べ物が本物であるかどうかなのであり，この基準にかなう限り，フーディーはジャンル横断的に食指を動かすのである．

　しかし，フーディーは，本物の食を求めて縦横無尽に活動の幅を広げる文化的オムニボアであるとはいえ，地位や卓越化の問題と決して切り離すことがで

きない．真正性という価値基準は，文化的ヒエラルキーの頂点に位置する高級料理との結びつきによって自らを卓越化する俗物的な上流階級を時代遅れのものにしたが，フーディー自身もまた，それとは異なる卓越化の戦略を駆使しているといえる．なぜなら，真正な食べ物を選び取るという実践にも，やはり経済資本／文化資本をどの程度所有しているかが否応なく関係しているからである．たとえば，その土地固有のチーズや自家製ジャムを特定の店から取り寄せれば，通常スーパーマーケットで市販されている大量生産品よりも値が張ることは疑いようがないし，現地を訪れて本場の外国料理や郷土料理を食べようとすれば，もちろんその分多額の旅費がかかる．また，何が真正な食べ物であるかを見分けるためには，日頃から食材や料理，生産者や料理人，そして食品の生産方法や歴史についての情報収集を怠ってはならず，食に関する知識や技術を十分に身につけて高度な鑑識眼を養っておかねばならない．フーディーは稀少性の高い本物を見抜き，それを自らの食の選択のレパートリーに加えるのであるが，このような真正性に基づく食の実践は，それ自体，彼らの豊富な経済資本と文化資本に支えられているのである．

　一方で，かつてのグルメと袂を分かち，排他性や俗物性を嫌悪するフーディーは，高級フレンチレストランから場末の大衆食堂にいたる，多様な食の経験に門戸を広げ，包摂的で民主的な文化的態度を示している．他方で，フーディーは，豊富な経済資本と文化資本に裏打ちされた美的性向を巧みに働かせ，文化的に正統な本物の食を選び取ることで，見る目のない人々とのあいだに象徴的境界を引き，自らを卓越化している．すなわちフーディーは，真正性を媒介とした雑食的な食の実践を繰り広げることによって，旧来の文化的障壁にとらわれない民主的な外観を呈しつつ，同時に自らの文化的優越をしるしづけているのである．したがって，文化的に雑食であることは，平等や包摂の理念を尊重する現代社会において，相矛盾する民主主義と卓越化の緊張関係に折り合いをつける1つの戦略にほかならない．この意味で，文化的オムニボアとしてのフーディーは，文化的正統性を媒介とした卓越化や不平等と決して無縁ではないのである．

## 5 食の実践・卓越化・正統性 —— 良い食べ物をめぐる象徴闘争

　ここまで見てきたように，食事中のマナーや作法，日頃から食卓で何気なく口にする食べ物，外食の際に好んで足を運ぶレストランや飲食店などを含む，数々の食をめぐる実践は，私たちの社会において非常に重要な文化的役割を担ってきた．それは，食の正統性を媒介として文化的序列を生み出し，それらのあいだに象徴的境界を設けることによって，人々の卓越化と不平等の再生産を導いてきたのである．

　かくして食と社会階級という問題は，時空を越えて，私たちの社会的現実を絶えず貫いてきた．これまでの議論から明らかなように，もちろんその結びつきのあり方は歴史的に異なる様相を呈している．宮廷貴族の食卓でのふるまいや礼儀作法の洗練化から，美的性向を通じた階級的な嗜好やスタイルの差異化を経て，真正性を媒介とした本物の食の選別にいたるまで，時代や社会の編成に応じて変化する食の実践は，支配階級による文化的正統性を媒介とした地位と卓越化の戦略の変容を映し出してもいる．巨視的に見れば，それは「スノッブからオムニボアへ」あるいは「グルメからフーディーへ」の移行として把握することが可能である．

　現代における食のライフスタイルは，以前にも増して多様化し複雑化している．テレビや雑誌それにインターネットやSNS上では，多彩なグルメ情報（高級料理から定番料理，そしてB級グルメやコンビニグルメまで）が大量にひしめき合い，身体や健康に良い食べ物に関するさまざまな知見（栄養素や添加物に関する玉石混淆の情報）が無数に飛び交い，食料生産・消費にまつわる深刻な社会問題（飢餓，食品ロス，生態系や環境の持続可能性，フェアトレードなど）が大々的に取り沙汰されている．その一方で，食べ歩きを生きがいとする人，手の込んだ料理を作ることに夢中になっている人，ファーマーズマーケットやオーガニック食品をこよなく愛する人，食物倫理や動物福祉に配慮した食生活を送る人，ベジタリアンやビーガンなどに示されるように，人々の食の実践はこのうえない多様性と広がりを見せている．こうした食に関わるさまざまな知や実践は，それ自体，自らが定義する「美味しい＝良い食べ物」の正統性を主張しながら，「価

値がある食べ物とは何か」をめぐって互いに競い合っているのである．何を食べるべきかという問いは，私たちのライフスタイルの中心を占めているのはもちろんのこと，そうした日々の食選択の積み重ねが各自のアイデンティティを確立すると同時に他者との文化的境界を明確にしているのである．

　したがって，現代の民主的文化においても，良い食べ物をめぐる象徴闘争はやはり生き続けている．スティーブン・メネルは，『食卓の歴史』のなかで，「人々は，自分自身が社会の階段を登ろうとし，ほかの人々を蹴落とそうとする時，必ず食物を使ってきた」（Mennell 1985=1989: 35）と述べている．私たちのライフスタイルのもっとも根底にある食べるという営みは，もっともありふれた平凡な日常であり，「蓼食う虫も好き好き」として十分に省みられない分だけ，支配や不平等がもっとも隠蔽された文化実践であるといえるのかもしれない．

## 参考文献

Bourdieu, P., 1979, *La Distinction: Critique sociale du jugement*, Minuit. (＝2020, 石井洋二郎訳『[普及版] ディスタンクシオン——社会的判断力批判 I・II』藤原書店.)

Elias, N., 1969, *Über den Prozeß der Zivilisation: Soziogenetische und psychogenetische Untersuchungen, Erster Band: Wandlungen des Verhaltens in den weltlichen Oberschichten des Abendland*, Francke Verlag. (＝1977, 赤井彗爾・中村元保・吉田正勝訳『文明化の過程（上）——ヨーロッパ上流階層の風俗の変遷』法政大学出版局.)

Johnston, J. and S. Baumann, 2015, *Foodies: Democracy and Distinction in the Gourmet Foodscape*(*Second Edition*), Routledge. (＝2020, 村井重樹・塚田修一・片岡栄美・宮下阿子訳『フーディー——グルメフードスケープにおける民主主義と卓越化』青弓社.)

Mennell, S., 1985, *All Manners of Food*, Basil Blackwell. (＝1989, 北代美和子訳『食卓の歴史』中央公論社.)

奥村隆, 2001, 『エリアス・暴力への問い』勁草書房.

Peterson, R. A., 1992, "Understanding Audience Segmentation: From Elite and Mass to Omnivore and Univore." *Poetics*, 21: 243-58.

Peterson, R. A. and R. M. Kern, 1996, "Changing Highbrow Taste: From Snob to Omnivore." *American Sociological Review*, 61: 900-7.

Poulain, J-P. et E. Neirinck, 2004, *Histoire de la cuisine et des cuisiniers*, Delagrave édition. (＝2005, 山内秀文訳『プロのためのフランス料理の歴史——時代を変えたスーパーシェフと食通の系譜』学習研究社.)

# 第6章

## 食の好みと社会階層

### 片岡 栄美・村井 重樹

## は じ め に

　食は，私たちのライフスタイルを形作る重大な要素の1つであるといえよう．私たちは，普段の食生活で，食べたいと思う食べ物や料理を好んで口にし，みずからの味覚を満足させている．料理がどのように調理され味つけされているか，どのような盛りつけがなされているか，どれくらいのボリュームなのか，健康にとって良さそうなのか，日頃から食べ慣れたものであるかなど，私たちの食欲をそそる食べ物や料理のタイプには，人それぞれの好みがある．それゆえ，人々の味覚＝好み（goût, taste）は，日々の食卓にのぼる食事のメニューから外食時のレストランの料理ジャンルに至るまで，さまざまな食の選択を導く源泉になっている．と同時に，第5章で示されたように，こうした味覚＝好みがハビトゥスの表れであるとすれば，私たちの食の実践は，それぞれが所属する社会階級と何らかの関係性を保持していると考えることもできる．

　このような食のライフスタイルと社会階級という主題に明示的に取り組み，社会学的な研究を先導してきたのがピエール・ブルデューである．現代社会では，ライフスタイルの選択が人々のアイデンティティにとって重要な意味をもち，自ら再帰的にライフスタイルを築き上げなければならない（Giddens 1991=2005）と語られるのに対し，ブルデューは，フランス社会を対象として，それらの選択や嗜好自体が社会的・文化的要因によって大きく規定されていることを詳らかにした．ブルデューにしてみれば，食をめぐる選好もまた，そうしたライフスタイルの一種であり，彼の著書『ディスタンクシオン』では，人々が好む食のテイストと社会階級との密接なつながりが理論的・経験的に明

101

らかにされている（Bourdieu 1979=2020）.

　本章は，こうしたブルデューの文化社会学に依拠しながら，現代日本におけ
る食の好みと社会階級との関係性を経験的データに基づいて検証することを目
的とする．とくに本章では，ブルデュー社会学の理論的・方法論的視座に立
ち，食の好みと社会空間（社会的位置空間）との相同性が見出せるかどうかにつ
いて検討する．というのも，従来の日本の経験的研究では，食と社会階級とい
う問題意識は共有されつつも，理論や方法論の面から見ればブルデュー社会学
のそれとは異なる仕方で検証されてきたといえるからである．したがって，本
章は，ブルデューの理論的・方法論的立場を重視することで，食と社会階級の
問題にアプローチし，現代の日本社会における両者の構造的な布置関係につい
て考察していく[1].

---

## 1　食のテイストと社会階級に関する先行研究

　食に関する社会学的な研究については，格差や不平等，家族や食卓，健康や
肥満，科学言説やリスク，グローバル化やローカル化，テレビや雑誌等のメ
ディアとの関係など，多岐にわたる主題が存在しているが（Lupton 1996=1999；
岩村 2003；Poulain 2011；畑中 2013；Guptill, Copelton and Lucal 2013=2016；桝潟・谷口・
立川編 2014；品田編 2015；柄本 2016, 阿部・村山・可知・鳶編 2018），ここでは本章
で取り組む食の文化テイストと社会階級の問題に関わる範囲で，いくつか先行
研究を概観しておこう.

　長期にわたる歴史的な観点からヨーロッパの文明化の過程を考察したノルベ
ルト・エリアスは，礼儀作法書の分析を通して，食事の正統な作法と，それに
付随して生じる人々の振舞いや快／不快の基準の変遷を跡づけることで，それ
らが社会階級間を隔てる境界を形成するとともに，彼らの階級的区分を表すし
るしとなってきたことを示した（Elias 1969=1977）．また，こうしたエリアスの
社会学的視座を引き継ぐスティーブン・メネルは，イングランドとフランスを
対象として料理術と良き食べ物の概念の発達過程を歴史的にたどり，食の規範
やヒエラルキーが姿を変えながらも絶えず存続してきただけでなく，人々の味
覚が社会階級と密接な関係を築いてきたことを明らかにしている（Mennel

1985=1989)．

　こうした歴史社会学的な考察の対象となる一方，現代社会という文脈で，食のテイストと社会階級との結びつきを分析したのがブルデューである．ブルデューは，『ディスタンクシオン』において，人々の趣味やライフスタイルの消費・選択の社会的諸条件の解明に取り組み，その重要な研究対象の１つとして食の実践を位置づけている．

　第５章でも見たように，食の実践を考察するにあたってブルデューがまず着目するのは，必要性からの距離を媒介として導き出される食の文化的正統性の序列と，それに応じて社会階級ごとに分化する食のテイストの差異である．そこでブルデューは，必要性からの距離に応じた必要趣味と自由趣味（贅沢趣味）との対立軸を通して，食のテイストの序列関係を描き出している．例えば，重たいもの，安価で栄養のあるもの，味の濃いものなどの実質的な食べ物は必要趣味の表れであり，軽いもの，繊細なもの，洗練されたものなどの形式的な食べ物は自由趣味の表れである．そして，ブルデューは，多次元的な資本の配分状態に基づいて構造化された社会空間における階級的な位置が高くなるにつれ，食の趣味や好みが実質から形式へと向かうことを指摘したのである．

　さらに，ブルデューによれば，「食物に関する趣味は，各階級が身体について，また食物が身体にたいして及ぼす効果，すなわち身体の力・健康・美にたいして及ぼす効果について，どんな考えをもっているか，またそれらの効果を評価するにあたって，その階級がどんな分類カテゴリーを用いているかによっても左右される」(Bourdieu 1979=2020 I: 305)．すなわち，食の好みは，人々がどのようなハビトゥスを身体化しているかに依存するということであり，ブルデューはそれを人々が所有する文化資本と経済資本の多寡と構成との関係で把握しようとする．したがって，この文化資本／経済資本の多寡と構成の差異が，必要趣味と自由趣味，実質と形式との対立を媒介とした食のテイストの差異，いいかえれば食の美学の差異を生み出すと同時に，「各階級に特有の行動哲学」(Bourdieu 1979=2020 I: 314) としてのハビトゥス，つまり美的性向の表現となるのである．

　このように，ブルデューは，芸術やスポーツやファッションといったさまざまなライフスタイルと同様に，社会空間における人々の階級的位置と食の消費

空間におけるテイストの位置との相同性を見出している[1]．そこではまた，上述したような実質と形式に基づく食のテイストの序列と階級的な序列の対応関係だけでなく，資本構成の相違による階級内部でのテイストの分化についても示されている．とりわけブルデューは，資本の総量の多い支配階級内でのそれに着目し，相対的に経済資本が高く文化資本の低い商・工業経営者層は，高価でカロリーの豊かな食事（猟肉やフォワグラ）を好むのに対して，相対的に経済資本が低く文化資本が高い教授層は，異国趣味（イタリア料理や中華料理）や庶民性（田舎料理）といった独自性を追求する食事を好み，その両者の間に位置する自由業や上級管理職は，めずらしい貴族的な食べ物を好み，高価で手に入りにくい産物（新鮮野菜や肉類）を多く使った伝統的料理に向かうと述べる（Bourdieu 1979=2020 I: 300-302）．したがって，ブルデューが，「食物の消費に関して見られる主たる対立がおよそのところ収入の差に対応しているという事実は，中間階級においても支配階級においても，文化資本が豊かで経済資本が貧しい層と，これとは逆の資産構造をもった層とのあいだに生じる二次的対立を，隠蔽してしまっている」（Bourdieu 1979=2020 I: 289）と指摘するように，食のテイストの空間的布置を把握する際には，文化資本の意義とその働きを見過ごすわけにはいかない．ブルデューの食の文化社会学は，これらの点を明確かつ体系的に示した重要な先行研究であると言うことができる．

こうしたブルデュー社会学の成果を考慮しつつ，食のテイストと社会階級の関係性を経験的データに基づいて検証した研究もいくつか存在する．たとえば，日本では，佐藤・山根（2007）が子どもの食と社会階層との結びつきを，小林（2017）が野菜や海藻の摂取量と社会階層との結びつきを，そして安井（2018）が国産食品・オーガニック食品の購買と社会階層との結びつきを統計的に分析している．いずれの研究においても，先行研究としてブルデュー社会学に言及し，それぞれが扱う食の主題との関連で，食生活と社会階層との間に相関があることが明らかにされている．しかし，食と社会階級という主題を共有しているものの，理論的・方法論的な手続きを異にしているために，ブルデューの文化社会学的な食の分析とはやや距離があるといえる．

また，海外では，とくにイギリスでブルデュー社会学の理論的・方法論的系譜に連なる食のテイストと社会階級に関する研究がいくつか見出せる．たとえ

ば，トニー・ベネットら（Bennett et al. 2009=2017）やアラン・ウォードら（Warde et al. 2019）は，外食時の料理の好みと社会階級との結びつきについて，ウィル・アトキンソンとクリストファー・ディーミング（Atkinson and Deeming 2015）やアトキンソン（Atkinson 2020）は，食料消費と社会階級の関係性について統計的な分析によって明らかにしている．なかでもアトキンソンらは，イギリスの社会空間と食料空間（space of food）の相同性を対応分析によって析出し，ブルデューが『ディスタンクシオン』で見出したそれと非常によく似た構造を成していることを発見した一方で，文化資本との関係で倫理的次元の食料消費が新たな重要性を増しつつあると指摘している．

## 2　分析課題

　以上のようなブルデューによる食の文化社会学の視座を踏まえたうえで，現代日本における食のテイストと社会階級との関係性を分析することが本章の課題である．より具体的に述べれば，以下である．

　第一に，どのような食に関わる意識や態度，あるいはどのような料理テイストが食による卓越化や正統性の象徴となり，食の文化資本を構成しているかを日本の全国データで検討する．それにより，食に関わる特定の実践や態度が社会的属性と関連性をもった正統文化となっているかどうかを明らかにしたい．すなわち，食の文化資本とは何であり，それは人々にどのように配分されているのか．

　第二に，人々の選好する食のテイストが社会空間においてどのように分化しているのかを明らかにすることである．すなわち，日本における食テイスト空間[2]はどのように構成されているのか．

　第三に，食テイスト空間は，社会的属性（年齢，性別，学歴，職業，世帯年収）や食の文化資本とどのような関連をもっているのかを明らかにすることである．すなわち，食テイスト空間と社会空間はどのように結びついているのか．

　以下では，これらの分析課題に実証的に取り組むことによって，日本の社会学的な研究では十分に明らかにされてこなかった食の文化的テイストと社会階級との関係性を考察していく．

105

## 3 データ

　上記の課題を明らかにするために用いるデータは，2019年2月に筆者らが実施した「文化と意識に関する全国調査」[3]のデータである．この調査は日本全国の18歳〜60歳未満（2019年1月1日現在）の男女を母集団として，住民票から層化2段抽出によって200地点で合計4000サンプルを無作為に抽出し，郵送法により質問紙調査を実施した．回収数は1280票で回収率は32.0 %，有効回答数は男性508名，女性764名の計1272名である．

　ここでは，食に関する意識と実践の両面から，まず食の文化資本尺度を構成したあと，ブルデューと同様の方法で，異なるタイプの食事の好み（テイスト）を測定し，多重対応分析で食テイスト空間を求め，社会空間（社会的位置空間）との対応や食の文化資本尺度との対応を明らかにする．

## 4 食の文化資本尺度

　食に関する意識と実践には，食に関する知識の有無のほか，食に関する倫理的消費，食による健康志向のほか，メディアでのレストラン情報などへの感度，料理の写真をSNSに投稿するなど，多様な実践と意識が存在している．

　**図6-1**は，食に関する意識と実践の8項目の基礎集計である．回答は「よくあてはまる (3)」「少しあてはまる (2)」「あまりあてはまらない (1)」「まったくあてはまらない (0)」の4択で，それぞれに0点〜3点をあてはめた．

　これらの8項目を因子分析（主因子法，プロマックス回転）にかけた結果，**表6-1**に示すような2因子構造が最も適切であった．第1因子は，「ファストフードで食事をとることは，できるだけしないように心がけている」「オーガニック食品（有機食品），自然食品，無添加の食品をよく購入する」「野菜をたくさん食べるようにしている」「冷凍食品やレトルト食品をよく利用している (−)」「テーブル・マナーや食の作法に自信がある」「料理をおいしく楽しむには，食材や料理技術についての知識が欠かせないと思う」の6項目からなる因子であり，食に対する高い意識と倫理的態度が特徴といえる．これに対し，

第 6 章 食の好みと社会階層

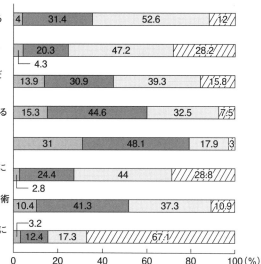

図 6-1 食に関する意識と実践

出所）筆者作成．

第2因子は，「メディアで話題になったレストランやカフェに行く」「外食で食べた料理を，写真に撮ってSNSに投稿する」の2項目からなり，食とメディアの近接性を示す態度で，食に関するメディア感度としておく．

第1因子の6項目の変数は，現代における食に対するこだわりや洗練性，食への倫理的態度や知識重視といった卓越したライフスタイルを示している．これら第1因子には，食を栄養や必要に迫られるものといった必要趣味から距離を取ろうとする態度，すなわち様式化（形式）を求める自由趣味（贅沢趣味）のハビトゥスが背後に存在すると考えられる．したがって，第1因子は食による卓越化に関わる「食の文化資本」を析出したと解釈できる．

次に食の文化資本尺度を構成するため，第1因子に高い寄与率を示した6項目のうち，「冷凍食品やレトルト食品をよく利用している」の回答値を逆転し，6項目の4択（0〜3点）の得点を合計し，食の文化資本尺度と命名した．この尺度得点が高いほど，食テイストの正統性が高く，現代における食の文化資本を測定しているといえよう．

107

表 6-1 食に関する意識と実践の因子分析結果（主因子法，プロマックス回転）

|  | 因子 | |
|---|---|---|
|  | I | II |
| ファストフードで食事をとることは，できるだけしないように心がけている | 0.724 | −0.178 |
| オーガニック食品（有機食品），自然食品，無添加の食品をよく購入する | 0.577 | 0.126 |
| 野菜をたくさん食べるようにしている | 0.493 | 0.057 |
| 冷凍食品やレトルト食品をよく利用している | −0.429 | 0.139 |
| テーブル・マナーや食の作法に自信がある | 0.340 | 0.132 |
| 料理をおいしく楽しむには，食材や料理技術についての知識が欠かせないと思う | 0.323 | 0.185 |
| メディアで話題になったレストランやカフェに行く | 0.044 | 0.689 |
| 外食で食べた料理を，写真に撮って SNS に投稿する | −0.060 | 0.452 |
| 因子寄与 | 1.566 | 0.898 |
| 因子寄与率（%） | 20.195 | 8.813 |

出所）筆者作成.

| 因子間相関 | I | II |
|---|---|---|
| I | — | 0.24 |
| II | — | — |

食の文化資本得点から信頼性係数 $\alpha$ を求めると，0.649 であった．また食の文化資本得点のレンジは 1 点〜 17 点で，平均値 8.61，標準偏差は 2.94 であった．

## 5 食の文化資本得点の規定要因

ここで，食の文化資本尺度がどのような社会的要因によって規定されているかを明らかにするため，食の文化資本得点を従属変数とする重回帰分析を行った．分析モデルは**表 6-2** に示すように，2 つのモデルで検討している．家庭背景の変数としては父教育年数と母教育年数を投入したところ，この 2 変数で共線性が生じたため，より強い効果を示した母教育年数のみをモデルに投入することにした．

**表 6-2** に示すモデル 1 の分析では，決定係数は 0.096 で，説明変数のうち

第 **6** 章　食の好みと社会階層

表 6-2　食の文化資本得点の規定要因分析（重回帰分析）

| | モデル 1 | | | モデル 2 | | |
|---|---|---|---|---|---|---|
| | 非標準化係数 | 標準化偏回帰係数 β | 有意確率 | 非標準化係数 | 標準化偏回帰係数 β | 有意確率 |
| （定数） | 2.158 | — | 0.027 | 1.476 | — | 0.196 |
| 年齢 | 0.056 | .216** | 0.000 | 0.065 | .228** | 0.000 |
| 女性ダミー | 1.342 | .224** | 0.000 | 1.606 | .270** | 0.000 |
| 都市規模 | −0.051 | −0.010 | 0.719 | −0.093 | −0.018 | 0.557 |
| 本人教育年数 | 0.110 | .070* | 0.021 | 0.126 | .080* | 0.027 |
| 母教育年数 | 0.113 | .089** | 0.008 | 0.132 | .104** | 0.005 |
| 世帯年収 | 0.001 | .098** | 0.001 | 0.001 | .087** | 0.009 |
| 専門管理職ダミー | — | — | — | −0.087 | −0.010 | 0.788 |
| 事務販売ダミー | — | — | — | −0.327 | −0.055 | 0.140 |
| $R^2$ | 0.096 | | | 0.117 | | |
| n | 1174 | | | 935 | | |

出所）筆者作成.　　　　　　** $p<.01$　　　* $p<.05$

　都市規模を除くすべての変数が有意な独自効果を示した．その結果，男性よりも女性のほうが食の文化資本が高く，年齢が高いほど食文化資本は高い．世帯年収，母教育年数，本人教育年数もそれぞれ高いほど，食の文化資本得点が高いことがわかる．また住んでいる地域の都市規模とは関連がなかった．

　次に現在の職業の効果をみるために，専門・管理職ダミーと事務・販売ダミー（いずれもサービス労働・ブルーカラー職をベースとする）を追加した．モデル 2 の結果からは，決定係数は上昇したものの，いずれの職種ダミー変数も効果は有意ではなく，職業の差異が食の文化資本に与える効果はまったくみられなかった．

　要約すると，食に対する文化資本得点は，女性であるほど高く，また年齢が高いほど高くなる．さらに本人の教育年数や母親の教育年数といった学歴資本の効果もみられた．母の教育年数がプラスの独自効果を持つということは，食の文化資本が親から子へと伝達されていることを示唆している．さらに現在の世帯収入も食文化資本に効果をもち，経済資本が豊かであるほど，食文化資本

109

得点は高くなる．このように食文化資本の多寡は，社会的属性変数，とりわけジェンダーと学歴資本，経済資本によって決まってくることがわかる．

　女性のほうが男性より食の文化資本が高いのは，料理をする行為が家庭の中で女性役割として定着している日本の現状を反映していると考えられる．また母親の教育の効果が見られたことから，食に対する洗練された意識と実践は，世代を超えて伝達される文化資本の一種であるといえよう．

## 6　好きな料理にみる食テイスト空間

　ブルデューは，『ディスタンクシオン』において好きな料理への質問を行い，生活様式空間の構成に関連づけていた（Bourdieu 1979=2020 I: 306）．ブルデューによれば，フランスでは，資本の総量に乏しく，文化資本と経済資本をいずれも欠く人々は，必要趣味に相当する，塩辛い／脂っこい／重たい／安い／栄養になるといった食べ物を好む傾向がある．それに対し，資本の総量が多くなるにつれ，食べ物の好みはその構成比に応じて階級内で分化していく．相対的に経済資本が豊かで文化資本の乏しい人々は，豪華だけれども，きつい／脂っこい／塩辛い食べ物を好み，相対的に経済資本が乏しく文化資本の豊かな人々は，凝った／異国趣味の食べ物や健康的な食べ物を好み，両者の中間に位置する人々は，繊細な／あっさりした食べ物や洗練された／軽い食べ物を好む傾向がある．

　**表6-3**は，ブルデューと同様の質問を日本人に対する全国調査で初めて行った結果である．調査では「あなたが好きなタイプの料理は，どれでしょうか．2つまで選んで，番号に○をつけて下さい．」と質問し，8つの選択肢を提示した．それぞれの料理の選択者率は**表6-3**に示すとおりである．最も回答が多かったのは，「昔から変わらない，定番の料理」で52.0％が選択していた．続いて「食欲を満たす，経済的な料理」を選んだのが36.6％，「健康的で，あっさりした料理」は34.3％であった．これに対し，「独創的で，異国風の料理」（7.5％）や「繊細で，手のこんだ料理」（15.2％）は選択率が低かった．

　**表6-3**では，それぞれの料理を選択した人と選択しなかった人の2グループに分け，平均年齢，女性比率，4年制大学卒業比率，食の文化資本得点平均

第 6 章　食の好みと社会階層

表 6-3　好きな料理と選択者の特徴

| 料理のタイプ | 選択者率 | 選択者の平均年齢 | 選択者の女性比率 | 選択者の4大卒比率 | 選択者の食の文化資本得点 |
|---|---|---|---|---|---|
| シンプルだが，きれいに盛り付けられた料理 | 27.8% | 40.9 | 71.1%** | 38.3% | 9.18** |
| 食欲を満たす，経済的な料理 | 36.6% | 40.1* | 49.9%** | 39.5% | 7.69** |
| 繊細で，手のこんだ料理 | 15.2% | 41.3 | 63.9% | 47.1%* | 9.75** |
| 独創的で，異国風の料理 | 7.5% | 41.5 | 63.8% | 53.2%* | 9.34** |
| 量が多くて，こってりした料理 | 12.9% | 36.8** | 25.2%** | 46.0% | 6.61** |
| 昔から変わらない，定番の料理 | 52.0% | 41.4 | 58.6% | 38.4% | 8.44** |
| ありあわせのもので作ったような気軽な料理 | 14.7% | 44.4 | 64.3% | 31.0% | 8.46 |
| 健康的で，あっさりとした料理 | 34.3% | 42.1* | 73.1%** | 38.5% | 9.66** |

注）各料理の選択者と非選択者で，平均値の有意差検定（両側）を行った．**p<.01，*p<.05
出所）筆者作成．

を比較した．数値は，その料理を選択した人々の平均値を示しており，＊のマークは選択者と非選択者の平均値を比較した結果，統計的に有意であった場合につけている．

　これらのデータをもとに，多重対応分析（MCA）を用いて好きな料理タイプ間の関連性を図示したのが図 6-2 であり，これを食テイスト空間と呼ぶことにする．

　図 6-2 のなかの 1 の数値は，各料理を選択しなかった回答者カテゴリーを示している．また MCA で析出された食テイスト空間上では，回答傾向の類似性が距離であらわされるため，近接しているカテゴリー同士が類似していることを意味し，遠い距離ほど類似性がないことを意味する．

　図 6-2 の次元 1 のプラス方向には「量が多く，こってりした料理」と「食欲を満たす，経済的な料理」が位置しており，経済的で必要性からの距離が小さい料理，いわば実質的な食のテイストが示される．それに対し次元 1 のマイナス方向には「繊細で，手のこんだ料理」「独創的で，異国風の料理」「シンプルだが，きれいに盛りつけられた料理」が位置し，食における美的性向や洗練性，独創性を重視したテイストをもち，必要性からの距離が大きい料理へのテイスト，すなわちブルデューでいうところの自由趣味（贅沢趣味）として解

111

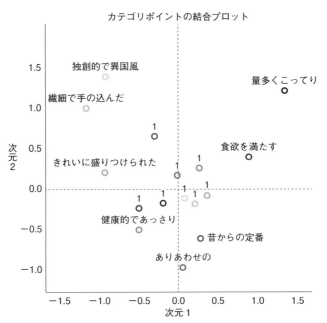

**図 6-2　好きな料理の多重対応分析（食テイスト空間）**
出所）筆者作成.

釈することができる．また次元 2 のマイナス方向には，「ありあわせのもので作ったような気軽な料理」「昔から変わらない，定番の料理」「健康的で，あっさりした料理」が位置し，料理に対する気取らなさを示している．

すなわち食テイスト空間の次元 1 は，必要性からの距離の大きさの違いとして，解釈することができるだろう．

## 7　食テイスト空間と社会空間の対応

### (1) 年齢，性別，学歴，職業，世帯年収による差異

食テイストと回答者の社会的諸条件との対応関係を検討しよう．**図 6-2** の食テイスト空間の中で，回答者の諸属性がどのような位置を占めるのかを探ることにより，諸階級が食に対してどのような分類カテゴリーを用いているかを

第 6 章 食の好みと社会階層

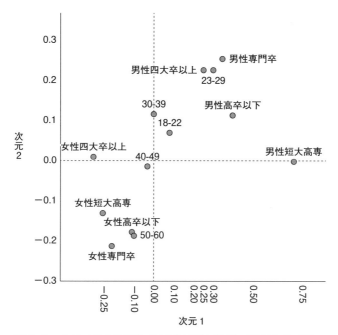

図 6-3 食テイスト空間における年齢と性別・学歴カテゴリー
出所）筆者作成.

明らかにする．これはブルデューのいう生活様式空間と社会空間の対応関係を明らかにする方法と同様のものであり，ここでは食テイスト空間と社会空間の相同性があるかどうかを検討することになる．さらに食の文化資本得点と食テイストとの関連をみることで，人々の食を通じた卓越化の様相を明らかにすることができる．

図 6-3 は，年齢カテゴリーと性別・学歴別のカテゴリーの重心ポイントを図 6-2 の食テイスト空間上に布置した結果である．以下では関係性を見やすくするために，食テイストの表示を省いて，各属性のカテゴリーポイントのみを食テイスト空間に表示して，社会空間との対応を探っていく．

図 6-3 に明らかなように，年齢コホートによる食テイストの差が生じている．若い年齢層ほど実質的な食テイストである「食欲を満たす，経済的な料理」を好み，年齢が高い層では「健康的であっさりとした料理」や「昔から変

わらない，定番の料理」が好まれている．年齢との好きな料理との関係は，健康や身体の必要性によって異なってくることがわかる．

次に性別・学歴別の各カテゴリーの重心ポイントをみると，第1象限に男性の各学歴カテゴリーが集まり，女性は主に第3象限に集まっている．すなわち男性のほうが，必要性からの距離が小さい料理である「量が多く，こってりした料理」や「食欲を満たす，経済的な料理」を好む傾向が強い．これに対して女性は「シンプルだが，きれいに盛りつけられた料理」や「健康的で，あっさりした料理」を好む傾向にある．また，同じ性別の中では，四年制大学卒業者ほど，第2象限の「独創的で，異国風の料理」や「繊細で，手のこんだ料理」との距離が小さいため，学歴が高いほど，美的な料理や形式への嗜好がみてとれる．

図 6-4 は，職業を 3 分類し，専門・管理職（Higher Job），事務や販売の中間職種（Middle Job），サービス労働やブルーカラー職種（Lower Job）ごとにカテゴリーポイントをプロットした結果である．

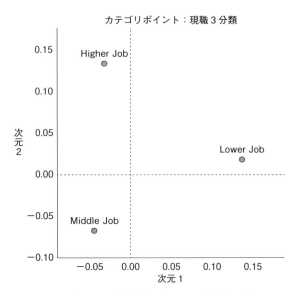

図 6-4　食テイスト空間における現職カテゴリー
出所）筆者作成．

第 6 章　食の好みと社会階層

第 2 象限に Higher Job，第 3 象限に Middle Job，第 1 象限に Lower Job が位置し，Higher Job である専門・管理職層のテイストは，美的な料理であることが明らかとなった．また女性比率の高い職種である Middle Job 層では第 3 象限の気取らない料理が好まれている．そして次元 1 のプラス方向であり第 1 象限に入る部分に，Lower Job 層が位置していることから，男性の多い職種で食欲を満たす経済的な料理が好まれていることがわかる．

図 6-5 は，世帯年収の各カテゴリーが食テイスト空間に占める位置を示している．高い世帯収入カテゴリーが第 2 象限から第 3 象限にかけて分布し，「シンプルだが，きれいに盛りつけられた料理」の近辺に多く集まっていることがわかる．高所得者層ほど，形式重視の料理テイストと持っているといえよう．

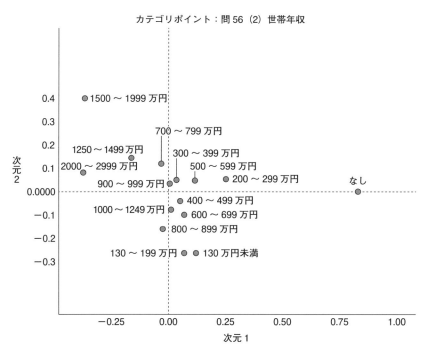

**図 6-5　食テイスト空間における世帯収入の分布**
出所）筆者作成．

115

## (2) 料理テイストと食の文化資本の関連性

　食テイスト空間は，食の文化資本（食の意識や実践の卓越性）とどのような関係にあるだろうか．**図6-2**の食テイスト空間図に食文化資本得点をプロットしたものが**図6-6**である．食テイスト空間の次元1の高低に沿って，食文化資本得点が並ぶことから，次元1のプラス方向は，必要性からの距離が小さい経済的な料理を好む層と食文化資本得点の低い人々との対応関係を示していることがわかる．逆に次元1のマイナス方向になるほど，食文化資本得点は高く，必要性からの距離が大きく形式性の高い料理を好むことがわかる．

　これと関連して，**表6-3**では各料理テイストごとの食文化資本得点の平均を示し，非選択者と選択者の得点差を平均値の検定にかけた．その結果，食文化資本得点が高かったのは，「繊細で，手のこんだ料理」を選んだ人たちで，平均9.75であった．逆に最も食文化資本得点が低かったのは，「量が多く，こってりした料理」で平均得点は6.61であった．このように必要性からの距離が大きい料理（繊細で手の込んだ料理）を好むか，小さい料理（量が多くこってり

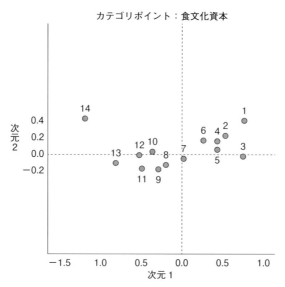

**図6-6　食テイスト空間における食文化資本スコア**
出所）筆者作成．

第 **6** 章　食の好みと社会階層

した料理）を好むかによって，食に対する態度や価値意識に差があり，食文化
資本得点と関連していることが明らかになった．

## ま と め

　日本社会において，食テイスト空間はどのような布置を成し，社会空間とど
のような関係を結んでいるのか．ここまで，調査データに基づいて検証してき
た分析結果を簡潔に整理しておこう．

　ブルデューの食の質問項目に準じた選択肢を用いて，多重対応分析（MCA）
で分析した結果，好きな料理で表現される食テイスト空間には，大きくわけて
次の3つのタイプが存在することが分かった．①「繊細で，手のこんだ料理」
「独創的で，異国風の料理」「シンプルだが，きれいに盛りつけられた料理」か
ら構成され，独創的で洗練された食の経験を重視する美的・形式的な料理，
②「ありあわせのもので作ったような気軽な料理」「昔から変わらない，定番
の料理」「健康的で，あっさりした料理」から構成され，素朴で寛いだ食の経
験を重視する気取らない料理，③「量が多く，こってりした料理」「食欲を満
たす，経済的な料理」のように必要性を満たす食の経験を重視する実質的な料
理である．

　これらからなる食テイスト空間と社会空間との対応関係を分析した結果，両者
の位置関係について次のことが明らかになった．① 性別の面から見れば，男性
と実質的な料理とが対応し，女性と美的・形式的な料理が対応する．② 学歴の
面から見れば，四年生大学卒業の者ほど，すなわち学歴が高いほど，美的・形
式的な料理との対応が見られる．③ 職業の面から見れば，Higher Job と美的・
形式的な料理，Middle Job と気取らない料理，Lower Job と実質的な料理が対
応する．④ 世帯収入の面から見れば，美的・形式的な料理から気取らない料理
のカテゴリーに沿って，高収入層が対応する．⑤ 食の文化資本の面から見れば，
食文化資本の得点が高い人々が美的・形式的な料理と対応し，低い人々が実質
的な料理と対応する．より具体的には，「繊細で，手のこんだ料理」を好む人々
の食文化資本得点が最も高く，「量が多く，こってりした料理」を好む人々の食
文化資本得点が最も低かった．

117

以上の食テイスト空間と社会空間との対応関係の概略は図 6-7 の通りである．これらの結果をあらためて全体として見れば，日本社会には食テイスト空間と社会空間との相同性が成り立っていることが確認できたといえるだろう．本章では，食への意識や，どういった料理を好むかという選択の基準が，社会階級上の位置，とくに学歴資本と経済資本によって分化することを明らかにできた．すなわち，ブルデューが提起したような，実質と形式の対立軸に基づく食のテイストの文化的正統性と社会階級との密接な結びつきが，現代の日本社会にも見出せるということである．まさしくブルデューが指摘したように，食においても，「趣味とは自然＝本性と化した文化，すなわち身体化された文化であり，身体となった階級であって，階級的身体を形成するのに加担する」の

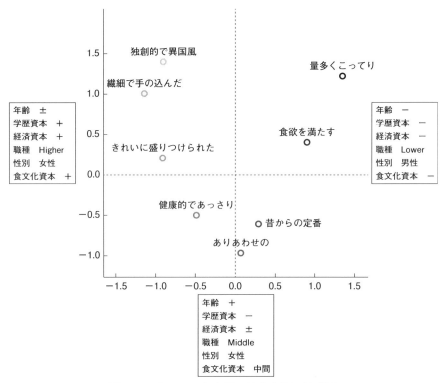

図 6-7　食テイスト空間と社会空間の概略図

出所）筆者作成．

である（Bourdieu 1979=2020 I: 307）.

　また，**図 6-7** を見れば，階級的要因のほかにも，性別（ジェンダー）や年齢が食の好みを語るうえで重大な意味をもっていることがわかる．例えば，こってりした料理や量が多い料理が若い男性に好まれるのは，食とそれにまつわる身体の定義がジェンダーによって異なっているからであり，こうした食に対する態度や価値観は，社会階級だけでなくジェンダーや年齢も含めて多様な形で社会空間と対応関係をなしているのである．

　さらには，⑤にまとめたように，食のテイストは，食全般に関わる意識や実践の卓越性を意味する食の文化資本とも関連が強かった．すなわち，繊細で手の込んだ料理や，独創的で異国風の料理に象徴されるような食に対する美的・形式的な嗜好が食の場における卓越化と結びついているだけでなく，食のハビトゥスそれ自体が，親から子へと至る食文化資本の世代間相続によって形成されている様子が確認できるのである．したがって，今回明らかにした食の文化資本とは，食べ物や料理への嗜好性を根底から支えるハビトゥスの象徴的な表れであると解釈できるのではないだろうか．

　最後に，以上のような食テイスト空間と社会空間との関係性の概略的な見取り図が得られたところで，今後これらの図をよりいっそう具体化し明確なものにしていくための課題を二点提示しておきたい．すなわちそれは，① 食の文化的正統性の歴史的な編成過程と布置についての探究，② 文化的正統性をハビトゥスとして体現し，文化的卓越化の戦略としてそれらを象徴的に呈示する人々の具体的な実践についての探究である．

　前者については，第 5 章で論じられたように，文化的正統性をまとった食べ物や料理は，社会的・歴史的条件に応じてさまざまな形態や実践様式を取りうる．それゆえ，時代やトレンドの変化に伴って複雑化していると考えられる現代日本の食テイスト空間＝場（champ）に関して，その文化的正統性の歴史的な編成過程と布置を丹念に考察する必要があるだろう．

　後者については，質的方法による人々の食をめぐる実践の探究が求められるだろう．例えば，ジョゼ・ジョンストンとシャイヨン・バウマンが質的方法（インタビューや言説分析）を用いてアメリカのフーディーたちを分析したように（Johnston and Baumann 2015=2020），食べ物や料理のもつ歴史性・社会性を体現し

つつ，食をめぐって多様な卓越化実践を繰り広げる人々の生活世界に着目することが重要になる．こうした質的分析を通じて，食に関わるハビトゥスや文化資本の具体的な構成に迫り，日本社会での食を媒介とした卓越化実践の様相を明らかにする必要があるだろう．

いずれにせよ，今後は，これらの課題にも取り組むことで，本章で示した食テイスト空間と社会空間との概略図をより多角的な観点から立体化していくことが求められよう．

## 付　記
本章は，片岡栄美・村井重樹, 2020,「食テイスト空間と社会空間の相同性」『駒澤社会学研究』55: 1-23. の内容を一部改訂したものである．

## 注
1 ）本章での食テイスト空間とは，ブルデューのいう食料消費空間（仏語版では，l'espace des consommations alimentaires, 英語版では，space of food）（Bourdieu 1979=2020 I: 306）と必ずしも同一ではないが類似した内容をもつと考えており，本稿では料理を中心としたテイストで測定した．フランス社会を対象としたブルデューの場合，調査票の質問は，「自宅にお客を招待するとき，どのような料理を出しますか？」と尋ねているが（Bourdieu 1979=2020 I: 506），日本社会を対象とした本調査では，「あなたの好きなタイプの料理は，どれでしょうか」と尋ねている．それは，日本では，客人を自宅に招待して家人が料理でもてなすという機会がそれほど頻繁とはいえず，フランスとは文化的な文脈が異なると考えたからである．したがって，回答者自身の料理の好みを尋ねることで，食のテイストを問い，それを意味的に等価なものと見なしている．
2 ）本調査は，日本学術振興会による科学研究費補助金・基盤研究（B）2017 年度〜 2019 年度「日本のディスタンクシオンと社会構成意識——新しい文化資本と実践・意識の多元性」（代表　片岡栄美）による．

## 参考文献
阿部彩・村山伸子・可知悠子・鳫咲子編, 2018,『子どもの貧困と食格差——お腹いっぱいたべさせたい』大月書店.

Atkinson, W, 2021, "The Structure of Food Taste in 21st Century Britain." *The British Journal of Sociology*, 72: 891-908.

Atkinson, W. and C. Deeming., 2015, "Class and Cuisine in Contemporary Britain: The Social

Space, the Space of Food and Their Homology." *The Sociological Review*, 63: 876-896.

Bennett, T., M. Savage, E. Silva, A. Warde, M. Gayo-Cal., and D. Wright., 2009, *Culture, Class, Distinction*, Routledge. (＝2017, 磯直樹／香川めい／森田次朗／知念渉／相澤真一訳『文化・階級・卓越化』青弓社.)

Bourdieu, P., 1979, *La Distinction: Critique sociale du jugement*, Minuit. (＝2020, 石井洋二郎訳『[普及版] ディスタンクシオン——社会的判断力批判 I・II』藤原書店.)

Elias, N., 1969, *Über den Prozeß der Zivilisation: Soziogenetische und psychogenetische Untersuchungen, Erster Band: Wandlungen des Verhaltens in den weltlichen Oberschichten des Abendland*, Francke Verlag. (＝1977, 赤井彗爾・中村元保・吉田正勝訳『文明化の過程（上）——ヨーロッパ上流階層の風俗の変遷』法政大学出版局.)

柄本三代子, 2016,『リスクを食べる——食と科学の社会学』青弓社.

Giddens, A., 1991, *Modernity and Self-Identity: Self and Society in the Late Modern Age*, Polity Press. (＝2005, 秋吉美都・安藤太郎・筒井淳也訳『モダニティと自己アイデンティティ』ハーベスト社.)

Guptill, A. E., D. A. Copelton, and B. Lucal, 2013, *Food and Society: Principles and Paradoxes*, Polity Press. (＝2016, 伊藤茂訳『食の社会学 パラドクスから考える』NTT出版.)

畑中三応子, 2013,『ファッションフード, あります.——はやりの食べ物クロニクル 1970-2010』紀伊国屋書店.

岩村暢子, 2003,『変わる家族　変わる食卓——真実に破壊されるマーケティング常識』勁草書房.

Johnston, J. and S. Baumann, 2015, *Foodies: Democracy and Distinction in the Gourmet Foodscape*（*Second Edition*）, Routledge. (＝2020, 村井重樹・塚田修一・片岡栄美・宮下阿子訳『フーディー——グルメフードスケープにおける民主主義と卓越化』青弓社.)

片岡栄美, 2019,『趣味の社会学——文化・階層・ジェンダー』青弓社.

小林盾, 2017,『ライフスタイルの社会学——データからみる日本社会の多様な格差』東京大学出版会.

Lupton, D., 1996, *Food, The Body, and The Self*, Sage. (＝1999, 無藤隆・佐藤恵理子訳『食べることの社会学——食・身体・自己』新曜社.

桝潟俊子・谷口吉光・立川雅司編著, 2014,『食と農の社会学——生命と地域の視点から』ミネルヴァ書房.

Mennell, S., 1985, *All Manners of Food*, Basil Blackwell. (＝1989, 北代美和子訳『食卓の歴史』中央公論社.)

村井重樹, 2015,「食の実践と卓越化——ブルデュー社会学の視座とその展開」『三田社会学』20：124-137.

Poulain, J-P., 2011, *Sociologies de l' alimentation: Les mangeurs et l' espace social alimentaire 2e édition*, Presses Universitaires de France.

佐藤裕子・山根真理，2007，「『食』と社会階層に関する研究──高校生に対する『食生活と家族関係』についての調査から」『愛知教育大学家政教育講座研究紀要』38：83-98.

品田知美編，2015，『平成の家族と食』晶文社.

Warde, A, J. Whillans, and J. Paddock., 2019, "The Allure of Variety: Eating Out in Three English Cities, 2015." *Poetics*, 72: 17-31.

安井大輔，2018「食選択と社会階層──国産食品・オーガニック食品購入の規定要因」古田和久編『2015 年 SSM 調査報告書 4　教育Ⅰ』：103-119.

第**7**章

# ソーシャルメディアにおける
# 文化実践と社会空間

### 瀧川 裕貴・水野　誠

## は じ め に

　ソーシャルメディアが誕生してからわずか 20 年足らずの間に私たちの文化
や趣味，それに伴う人との交流のあり方は決定的に変化してしまった．総務省
情報通信政策研究所「令和 2 年度情報通信メディアの利用時間と情報行動に
関する調査」によれば，「趣味・娯楽に関する情報を得る」ために最も利用す
るメディアでは，インターネットが 7 割近くを占めている（総務省 2021）．「趣
味・娯楽に関する情報を得るメディア」について尋ねた調査項目では回答が，
「動画投稿・共有サイト」（38.1%），「検索エンジン」（37.5%）に続いて「ソー
シャルネットワーキングサービス（SNS）」（33.7%）となり，もはや文化や趣味
の追求にソーシャルメディアは不可欠のものだといってよい状況である．

　私たちの研究グループの調査結果も同様の傾向を示している．Twitter（現 X）
上で語られている話題を包括的に分析するために，2020 年 6 月の日本の Twit-
ter のリツイート・ネットワークからコミュニティ分析という手法によってコ
ミュニティを析出し，Twitter でどのようなトピックについて，コミュニティ
ごとに何が語られているのかを分類した上で集計した結果が**図 7-1** である（片
岡ほか 2024）．

　見て取れるとおり，Twitter では「音楽・アイドル」「ゲーム」など趣味の話
題が圧倒的多数を占めている．例えば，趣味以外の「政治・国際」の話題など
は全体の 4% しか存在しない．このように代表的なソーシャルメディアの 1 つ
である Twitter は圧倒的に趣味のメディアの側面が強いといえる．

123

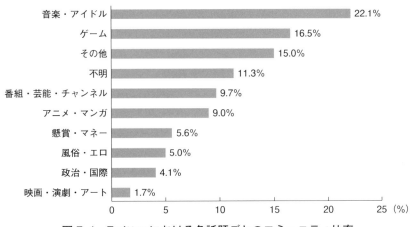

図 7-1　Twitterにおける各話題ごとのコミュニティ比率
出所）片岡ほか（2024）

　ソーシャルメディアは文化や政治についての交流やコミュニケーションを通じて，私たちが自らのアイデンティティを管理する場でもある．つまり，自分がどのような人間であるかをオーディエンスに示し，印象を形づくる場である．このようなアイデンティティの管理には，もちろん自分がどのような文化を好んで，どのような趣味をもっているのかも重要な要素として含まれている．アイデンティティ形成に関するソーシャルメディアの強い影響力が近年，皮肉な形で示された．2021年に起きたフランシス・ハウゲンによるFacebookに対する内部告発がそれである（New York Times 2021）．告発の中に，Facebook自身の調査により，Instagramが10代女性の自殺願望を強めたり，摂食障害を悪化させたりすることが分かっていた（にもかかわらず何ら対策を打たなかった）との指摘があったのである．このように，ソーシャルメディアは人々のアイデンティティを形づくり，ときには危険なまでの影響力をもつようになっている．
　ソーシャルメディア上でのふるまいや行動のもつリスクと福利への影響はそれ自体として重要である．オンライン上でのヘイトスピーチやハラスメントは人々を深刻に傷つけときには死に至らしめる．また，オンラインでの交流や自己実現は人々の幸福に多少とも影響をおよぼすことが知られている（Kross et al. 2020）．

第 7 章　ソーシャルメディアにおける文化実践と社会空間

　他方で，ソーシャルメディア，より一般的にいえばオンライン世界でのコミュニケーションやふるまい，行動が現実の社会の構造（「実社会空間」）にどのような影響をおよぼすかを検討することもきわめて有意義である．例えば，ソーシャルメディアは分極化や極端化を引き起こし，実社会空間の分断を進めているかもしれない（Bail 2021=2022; Sunstein 2001=2003; Takikawa and Nagayoshi 2017; 瀧川 2023）．ソーシャルメディア上でのフェイクニュースや誤情報は真実性や信頼といった民主社会の基礎を掘り崩しかねない（Aral 2020=2022）．こうしたオンライン実践と実社会空間の関係という問題系の1つとして，ソーシャルメディア上での文化実践や趣味行動がいかにして実社会空間の構造を再生産したり変革したりするのか，という問いが考えられる．本章で扱うのはこの問いである．もちろんこれは，文化と社会階級の問題でもあって，P. ブルデューをはじめ社会学の理論が精力的に取り組んできた問いにほかならない．われわれの文化実践や趣味の場がオンライン世界に移行することによって，文化と社会階級の関係はいかに変わったのか．このように問いをいいかえることもできるだろう．

## 1　文化実践の場としてのソーシャルメディア

　オンラインでの実践と現実の社会構造との関係，とりわけインターネットに関わるスキルや利用の仕方が格差や不平等をどのようにして再生産したり，強化したりするのかといった問題系（以下では，「実社会空間の再生産」と便宜的に述べる）は従来，いわゆるデジタルデバイドの問題として位置づけられてきた．1990 年代から始まったデジタルデバイド論の第一段階が主にインターネットにアクセスできる人とできない人との社会的格差に焦点をあてたのに対して，第二段階では社会的背景に応じたインターネットの利用の仕方の質的な差異が注目された（Ragnedda and Ruiu 2017）．そして，マッシモ・ラニェッダとマリア・ローラ・ルイウの唱える第三段階の研究では，このようなアクセスや利用の差異が実社会の人々のライフチャンスにどのように影響するかを調査するとされている．こうした整理に基づけば，ソーシャルメディア上での文化実践と実社会空間の再生産との関係を問うことはデジタルデバイドの第二段階と第三

125

段階にまたがる問題系だということになる．

　ある時期以降のデジタルデバイド論では，インターネットの利用の仕方の質的な差異がどのように社会的背景と結びつくかという問題が提起されてきた．この問題を深く掘り下げるためには，人々がどのようにしてインターネットを利用しているか，ソーシャルメディア上でどのようなコミュニケーションを行っているかを明らかにし，オンライン上でのふるまいや行動，実践の差異がいかにして社会的差異と結びついているかを検討する必要がある．しかし，従来のデジタルデバイド論では，このようなソーシャルメディア上での実践や行動それ自体を取り上げて，深く分析する試みは行われていない．ここには後に述べる方法論的限界が関係している．

　ソーシャルメディア上での文化実践と実社会空間の関係を分析するという目的にとっても，ソーシャルメディア上での文化実践それ自体がどのような空間を作り上げており，そこでのダイナミクスがどのようになっているかを検討することは重要である．いうまでもなく，オンラインでのふるまいや行動は真空状態で行われるのではなく，人々の相互作用やグループ形成が存在し，またプラットフォームの制度的装置やアルゴリズムなどと複雑に絡み合ってダイナミクスが進行していく．こう考えると，オンライン世界を1つの場（field）として捉えることが説得的である．そして，場の内部ロジックに実社会空間の社会的差異や格差がいかにして組み込まれているか，その結果として実社会空間の再生産にどのように影響するかを考察していくことが望ましい．

　ソーシャルメディア上での文化実践がいかにして実社会空間の再生産と関わり合っているかを問うためには，従来のデジタルデバイド論のように，インターネットと社会的差異の関係を「外側」から記述するだけでは十分ではない．オンライン場の内的ダイナミクスを「内側」から明らかにし，かつその内的ダイナミクスが実社会空間の位置や格差をどのように組み込み，結果としてそれらを再生産していくのかを問う必要がある．以上を念頭において，まずは今日のデジタルデバイド論について簡単に振り返った上で，オンライン場について理論的に考えていこう．

## 2 デジタルデバイド

デジタルデバイド論は一般に，デジタル技術や ICT の出現と発展，普及がどのように，社会の格差や不平等を再生産したり，拡大しているのかを問う研究領域である．デジタル技術や ICT，インターネットが普及し始めた初期の頃には，主にデジタルへのアクセスの格差がいかにして社会的格差と結びついているかを検討する研究が多かった（Hargittai 2003）．しかし，デジタル化が進展するにつれて，単なるアクセスではなく，デジタル技術をどのように活用しているか，利用の仕方の差異はどのような社会的要因に規定されているか，そしてそのような利用の仕方の差異がいかにして実社会での格差や不平等と結びついているかに焦点が当てられるようになった．

デジタルデバイドに関する社会学的な議論では，ブルデューの資本やハビトゥスといった概念が効果的に援用されている．例えば，Van Dijk（2005）はオンライン上で情報を効率よく発見し，適切に評価することに関わる能力を情報資本という概念で定義して，この資本の格差がいかに社会的不平等と結びつくかを議論している．Ronbinson（2009）は情報ハビトゥスという概念を提案し，社会経済的地位の高い出身階層の子弟は「遊戯的な情報ハビトゥス（playful information habitus）」，低階層出身の子弟は「タスク指向型情報ハビトゥス（task-oriented information habitus）」をそれぞれ身につけるとした．前者の遊戯的な情報ハビトゥスはオンラインでの情報獲得に際して，余裕のある探索的な態度をとることを可能にし，長期的には教育やキャリア形成にとっても有利となる能力を得ることができるという．これに対して，タスク指向型情報ハビトゥスをもつ子弟は，必要に迫られてその場しのぎの情報探索行動を行うことにより，長期的に有利となる知識や能力を蓄えることができないとされる．Zillen and Hargittai（2009）は人々のインターネット利用の仕方に関する量的調査の解析を通して，インターネット利用の仕方の差異が，ジェンダー，年齢，社会的地位などの社会的背景と関連していることを示した．ここでのインターネット利用とは，電子メールや検索エンジンの使用，どのようなニュースを閲覧するか，チャットの利用などである．彼らは有利な社会経済的地位にある者がオンライ

ン上での「資本を高める活動」により多く従事していると議論している.

　ここまでは，オンライン上での実践やインターネットの利用一般と社会的格差との関係を議論した研究を紹介したが，より具体的に，ソーシャルメディアにおける文化実践と社会階層との関係を検討した研究としては，Yates and Lockery (2018) がある．彼らは，経済資本，社会関係資本，文化資本によって社会階級を概念化し，社会階級とソーシャルメディアの利用の仕方との関連を，サーベイ調査のデータに基づいて検討している．そこでは例えば，文化資本が低い人ほどソーシャルメディアの利用が限定的であり，文化資本の高い人ほど利用が活発であること，また，階級が高いほどソーシャルメディアを文化資本の蓄積につながるような文化活動に用いていることなどが明らかにされている.

　以上のように，デジタルデバイドに関する研究は，ブルデューの理論枠組みに多かれ少なかれ依拠しつつ，インターネットの利用の仕方やオンラインでの文化活動，趣味活動を含む実践が社会経済的地位と結びついていることを示唆してきた．しかしながら，これらほとんどの研究はオンライン上での行動について回顧的に尋ねるサーベイ調査や質的なインタビュー調査に基づいており，オンラインでの行動そのものを検討したものではない．また，とりわけサーベイ調査の選択型の質問項目では，インターネットの利用の仕方の質的な詳細を明らかにすることはできない．そのため，社会経済的地位，あるいは実社会空間上での位置の違いがオンライン上での実践のどのような違いとしてあらわれるか，そしてそれがまたいかにして，格差や不平等を強化していくのかについて明確なイメージを描くことは難しい．この点を深めるためには，まずはオンライン世界それ自体において，人々のふるまいや行動がどのような場を形成しているのかを検討し，その場に対していかに実社会の格差が組み込まれているのか，そしてオンラインでの帰結がどのように実社会の社会空間に影響を与えるのかを考察していく必要がある.

## 3　オンライン場の理論

　ソーシャルメディア上では，人々（ユーザー）が自ら，テキストや写真を投

稿する．また，それらを消費し，評価するオーディエンスとなるのもユーザー自身である．ソーシャルメディアでは，「いいね」やリツイート，フォロワー数など，ユーザーの人気を示す「地位マーカー」が備わっており，ユーザーの間で，フォーマル，インフォーマルな地位の分化が生じている．そしてこうした地位は卓越化をめざすユーザーたちの間の「資本」の多寡によって決まってくる．このように考えると，ソーシャルメディア上で織りなされる文化実践の総体は場の概念による分析になじみやすいことがわかる．

オンラインでの人々の行動やソーシャルネットワークに関する研究は「計算社会科学」の領域で膨大に蓄積されてきた（Salganik 2018=2019；瀧川 2018, 2019, 2020）．しかし，オンライン場という空間の構造とそこでの人々のふるまいを社会学的に統一的な見地から記述する概念的枠組みはまだ少ない．その中で，Levina and Arriaga（2014）は数少ない例外である．ここでは彼女のたちの仕事を主として参照しつつ，ソーシャルメディアの文化実践を場として捉える理論的枠組みを整備したい．

ソーシャルメディアはレヴィナとアリアガのいう「ユーザー作成コンテンツ（User Generated Contents: UGC）」プラットフォームの1種であり，オンライン場として位置づけることができる．ブルデューは場を，(i) 権力関係と (ii) 共通の関心によって特徴付けているが（Bourdieu and Wacquant 1992=2007），このような特徴がどの程度ソーシャルメディアに存在するかを確認していこう．

まず，オンライン場における行為者には生産者と消費者がいる（Levina and Arriaga 2014）．ソーシャルメディアでは，生産者と消費者が同一のユーザーであることが多い．ユーザーは他者の投稿を消費しつつ，テキストや写真，他者の投稿の「リツイート」するなどの投稿を自ら生産もするのである．さらにユーザーたちは他者の投稿を「いいね」やリツイートを通して評価する．すべてではないものの，多くのユーザーは生産者として他者からの評価を集める投稿を生産することをめざしている．つまり，ユーザーたちの間で何らかの意味で「質の高い」コンテンツを生み出し，消費することに共通の関心が存在する．

ソーシャルメディア上でのユーザーの間には共通の関心だけでなく，地位の差，つまり権力関係も存在する．多くのオンライン場には，主要な制度的装置として「地位マーカー」が備わっている．ソーシャルメディアでは，多くの

フォロワーがいること，「いいね」をたくさん集めていること，リツイート数などがユーザーの地位を示すマーカーとなる．いいかえると，これらは何らかの形で他者の評価や承認を可視化している．このように，ソーシャルメディアでの地位は，他者の評価と承認によって定まる．そして，高い評価や承認は自己強化的にはたらき，さらなる評価や承認を容易にする．したがって，このような承認の蓄積は一種の象徴資本として機能するといえる（Levina and Arriaga 2014）．

　以上をまとめると，ソーシャルメディア上で一定の共通関心で結びつき，内部の地位分化（つまり一種の権力関係）が存在する空間をオンライン場として捉えることは妥当であろう．Twitter なら Twitter のユーザー全体が場を形成しているということはできないが，それぞれのユーザーの関心に応じて形成された緩やかなネットワーク，例えば政治的関心の高いユーザーたちのネットワーク，あるいはスポーツや音楽の特定の趣味で結びついたユーザーたちのネットワークなどは，ある程度，共通の関心によって結びつけられている．そして，彼らの生み出す政治的発言やニュースへのコメント，またはスポーツに関する情報や音楽についての批評などに応じて，これらのユーザーの間に象徴的な地位の差が発生し，異なる影響力をもつようになる．このように，ソーシャルメディア上で特定の共通関心によって結びつき地位の分化がみられる空間をオンライン場として概念化することが可能だろう．

　では，オンライン場でのダイナミクスは実社会空間とどのように関わり合いをもつだろうか．

　まず，オンライン場とはいえ，bot などを別にすれば参加しているのは実社会空間に身体をもつ生身のユーザーである．したがって，実社会空間の生活条件によって形成されたハビトゥスを備えており，それにより，オンライン場でのふるまいもある程度規定されうる．ハビトゥスはオンラインでの実践を生み出すとともに，オンラインでの実践を知覚し評価するスキーマでもある．だとすれば，実社会空間の生活条件のちがいや社会的差異が，ハビトゥスを媒介として，オンライン場での卓越化や地位の分化に結びついている可能性がある．とはいえ，オンライン場にはそれ固有の力学も存在するため，オンライン場と社会空間との対応関係はアプリオリに想定できるものではなく，実証的な検討

第 7 章　ソーシャルメディアにおける文化実践と社会空間

を必要とする．

　次に，実社会での経済資本や文化資本，社会関係資本などのさまざまな資本もオンライン場での象徴資本の蓄積に一定程度影響するはずである．Levina and Arriaga（2014）も場のダイナミクスは外部の場に還元できない固有の卓越化によりある程度規定されるが，それでもなお場の外部にある外部資本もダイナミクスに一定の役割を果たすとしている．わかりやすい例でいえば，ソーシャルメディア上でのコンテンツの生産者は実社会で培った専門能力や文化的教養などの外的文化資本を動員してコンテンツ生産に貢献をし，オンライン場での評価を高めようとするだろう．経済資本が必要となる場合もある．Twitter の認証マークは「Twitter Blue」という有料のサブスクリプションに入ることで付与される仕組みとなったが，このことは Twitter のダイナミクスに対する経済資本の影響力を増すことになるかもしれない．

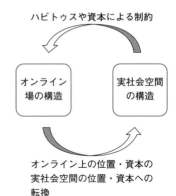

図 7-2　オンライン場＝社会空間フィードバックループ
出所）筆者作成．

　逆にオンライン場で蓄積した評価や評判，地位は実社会空間のプロセスや構造に影響をおよぼす．例えば，ソーシャルメディア上でのインフルエンサーは企業と契約することで実社会における大きな経済資本を手にすることができるかもしれない．より理論的に興味深い可能性としては，オンライン場での文化実践が評価による選別と排除を通じて，既存の社会集団の間の差異や格差，不平等を再生産しているかもしれない．

　このように，実社会空間の位置や構造がオンライン場でのふるまいや地位を規定し，それがまた実社会空間に影響を与えるというフィードバックループの構造を考えることができる（図 7-2）．これをオンライン場＝社会空間フィードバックループと呼ぶことにしたい．このようなオンライン場＝社会空間フィードバックループのダイナミクスについての研究はきわめて重要である．にもかかわらずこのフィードバックループを検討した実証的な研究は驚くほど少ない．そこには大きな方法論的な問題が関わっている．

## 4　サーベイ調査と行動ビッグデータ

　先にみてきたように，社会学ではデジタル空間と実社会空間の関係は主としてデジタルデバイド論として研究されてきた．そこで用いられているデータの大半がオンライン上での行動について回顧的に尋ねるサーベイ調査によるものであり，若干はやはり回顧的な質問を行う質的なインタビュー調査によるものであった．サーベイ調査はたしかに人々の属性や社会経済的背景などを知ることができる優れた手段である．デジタルデバイド論の関心が社会経済的背景とインターネットへのアクセスや利用の仕方にある以上，サーベイ調査が主たる方法として用いられることも不思議ではない．他方で，こうした回顧的データでは，ソーシャルメディアというオンライン場での人々のふるまいや行動を直接知ることはできない．

　その一方，オンラインでの人々の行動やソーシャルネットワークに関する研究は計算社会科学の領域において大規模な行動データ，行動ビッグデータを用いて行われてきた．このような行動観察データは人々のふるまいを直接捉えることができる点できわめて優れているが，他方でこれらのデータを用いて直接表現されている行動以外の情報，具体的にはユーザーの人口学的属性や社会経済的属性についての情報を入手することは難しい．このことは，サーベイデータと異なり，行動観察のデータがもともと研究目的で作られたデータではないレディメイドデータだからである．レディメイドデータには，研究者が関心をもつ情報が常にデータに含まれているとは限らないという，「不完全性問題」と呼ばれる重要な限界が存在するのである（Salganik 2018＝2019）．

　このように，デジタル空間と実社会空間の関係，オンライン場＝社会空間フィードバックループを検討するためには，サーベイデータと行動ビッグデータの双方の限界を乗り越えなければならない．必要なのは，サーベイデータと行動ビッグデータを統合する新たなデータ収集の方法論である．そこで本章の残りの部分では，デジタル空間，具体的には Twitter というソーシャルメディア上での文化実践がいかにして社会空間における差異や格差と結びついているのかを検討すべく Twitter データとサーベイデータを統合する方法論を用いた

著者らの研究を紹介したい（水野・瀧川 2022）.

## 5 データの説明

　著者らの用いたデータは大きく分けて 2 つのデータからなる. 1 つは，調査会社の調査パネルに対して行われたウェブ調査である. 20 代から 60 代で仕事に就いており，かつ Twitter アカウントをもち，月に 2, 3 回以上投稿している人を調査対象として，年齢，性別，職業についてバランスを考慮して割り付けた. サーベイでは，回答者のさまざまな人口学的，社会経済的属性を尋ねたほか，学術目的でのデータ利用の同意を得たのちに，回答者の Twitter アカウント名について提供を受けた.

　もう 1 つのデータは Twitter データである. サーベイで提供を受けた Twitter アカウント名を利用し，Twitter REST API を用いて該当アカウントによって投稿された最大 3200 のツイートを取得した. ツイートには投稿したユーザーのプロフィール文やフォロー，フォロワーなどの情報も付帯している.

　サーベイデータには Twitter アカウント名と紐付いた人口学的，社会経済的属性を含むさまざまな回答データが含まれており，Twitter データには，そのアカウントのプロフィールやフォロー数，フォロワー数，そして最大 3200 のツイートが含まれている. この 2 つのデータを Twitter アカウント名をキーにしてマージすることで，サーベイ–Twitter 統合データが得られる. 実際に存在しないアカウント名などによりマージできなかったケースや総ツイート数が 100 未満のケースを除外して，最終的に分析に用いたユーザー数は 3261 となった.

## 6 文化実践はどのようにして社会空間を再生産するか？
### ──条件の特定

　さて，このデータを用いて問いたいのは，オンライン場＝社会空間フィードバックループに関わる問い，つまりソーシャルメディア上での文化実践や趣味行動が実社会空間の再生産に関与しているかどうか，しているとしたらどのよ

うに関与しているか，である．そこで，文化実践が実社会空間を再生産するための条件を識別して，経験的に検討するための分析法を採用する必要がある．結論的には，ここでは疑似予測法という分析手法を用いることで，文化実践による実社会空間再生産の成立条件を検討することができると主張したい．

　文化実践による実社会空間再生産の成立条件とは何か．その条件とは，人々が実際に，ソーシャルメディア上での文化実践の差異を知覚かつ評価し，そのことによって文化実践の差異を社会的差異に関連付けてカテゴリー化していることである．ここでの文化実践の知覚や評価，カテゴリー化は必ずしも意識的なものに限らない．むしろ，暗黙裡に，ないし実践的に差異を識別し，区分けすることによって社会的差異が再生産されていくと考える方が適切である．

　以上の点についてより詳しく説明しよう．まずは，ブルデューのハビトゥス概念について確認しておきたい．ブルデューは，ハビトゥスを2つの能力によって特徴付けている．

> 　科学が行う階級分割は，行為者が生産する分類可能な慣習行動と，彼らが他人の慣習行動や自分自身の慣習行動にたいして下す類別的判断とに共通の根へとつながってゆくのだ．ハビトゥスとはじっさい，客観的に分類可能な慣習行動の生成原理であると同時に，これらの慣習行動の分類システム（分割原理）でもある．表象化された社会界，すなわち生活様式空間が形成されるのは，このハビトゥスを規定する2つの能力，つまり分類可能な慣習行動や作品を生産する能力と，これらの慣習行動や生産物を差異化＝識別し評価する能力（すなわち趣味）という2つの能力の間の関係においてなのである．（Bourdieu 1979=2020: 261）

　ここで「慣習行動」と訳されているのは pratique であり，「実践」のことである．ブルデューによれば，人々は自らが位置する社会空間上での生活条件の差異に応じて異なるハビトゥスをもつ．平たくいえば，性別や年齢などの基本的な人口学的属性，あるいは学歴や職業，収入などの社会経済的属性に応じて異なる行為への傾向性をもつ．その結果，人々が「生産する」一連のふるまいや行動，あるいは文化実践はおのおの異なったものになる．特定の社会的属性を持つ人は，クラシック音楽を演奏し，美術館に足繁く通うこともあれば，別

の社会的属性の人はポップミュージックを聴取し，アニメを愛好するといった具合である．このような行為や実践を生み出す能力をブルデューはハビトゥスの生成原理と呼んでいる．こうして，生成されたふるまいや実践は「客観的に」，事実として異なっている．しかしながら，単に事実として異なったふるまいが存在しているだけでは，社会空間の再生産にはつながらない．それらの実践の違いは人々によって知覚され評価されることによってはじめて正当化され安定的に存続していくのである．実践の違いになにがしかの意味が与えられ，それに基づいて実践が分類されること，このことによって社会階級や社会的差異，それらからなる社会空間がはじめて再生産される．このように実践を分類するシステム，これをブルデューはハビトゥスの分割原理と呼ぶ．いいかえると，ハビトゥスは「実践を生成するスキーマシステム」であるだけでなく，「知覚と評価のスキーマシステム」でもある．

　以上をふまえて，ソーシャルメディア上での文化実践による社会空間再生産の成立条件について考えてみよう．まず，人々が実社会において出身階層や性差，あるいは年齢などの社会的差異に応じて異なるハビトゥスを身につけているという想定から出発しよう．これまでみてきたデジタルデバイド論によれば，こうした社会的差異はオンライン上，ソーシャルメディア上でのふるまいの違いをもたらす可能性がある．ハビトゥスの理論の文脈でいえば，これはハビトゥスの生成原理である．生活条件の差異から生じるハビトゥスの差異が，ソーシャルメディア上での実践の差異をもたらすからである．このような差異は，ツイートで扱う話題のちがいかもしれないし，同じ話題でも言葉遣いや議論するときの態度や視点のようなものかもしれない．しかし，ソーシャルメディア上であらわれる文化実践の差がどのようなものであるかにかかわらず，実践の差異は参与する人々によって知覚され，評価されなければならない．実践を差異化し，識別する能力，つまりハビトゥスの分割原理を通じてはじめて社会空間は再生産される．このような機制がはたらいていることがソーシャルメディア上での文化実践が実社会空間を再生産するというための条件である．逆にいえば，もし仮に事実としてソーシャルメディア上での文化実践が社会的差異に応じて異なっているとしても，そこに参与する人々がその差異を識別できなければ，それは少なくともここで想定されている仕方では社会空間の再生

産には関与しないということになる.

以上の理論的考察のもと，著者らの研究では疑似予測法（Grimmer et al. 2022）というアプローチを採用することにした.

---

# 7 疑似予測法

疑似予測法は，あるカテゴリーをよく特徴づける特徴量（変数）の集合を探索的に発見するために予測の枠組みを用いる方法である．これを疑似予測というのは，未知のものに対する予測ではなく，実際にはある人がどのカテゴリーに属するかどうかはあらかじめわかった上で，カテゴリーとある特徴との関係を明らかにするために予測を用いるからである．例えば，あるアメリカの国会議員があらかじめ共和党議員か民主党議員かわかっているとする．しかし，それでもあえて，その議員の発言のみから，その人が共和党議員か民主党議員かを予測するためのモデルを作るのである．そうすることで，共和党所属をよりよく予測する言葉，民主党所属をよりよく予測する言葉を特定できるというわけである（Gentzkow et al. 2019）．別の応用例としては，フェミニストの言説を構成する単語を予測子（説明変数）として，そのフェミニストの言説がシカゴのフェミニスト言説なのか，ニューヨークのフェミニスト言説なのかを予測することで両地域の言説の相違を特徴づけるなどの利用法がある（Nelson 2020）（どちらも Grimmer et al. 2022 での紹介がある）.

では，このような疑似予測法がなぜ，ハビトゥスに裏付けられた文化実践が社会空間を再生産する条件を満たすかどうかの検討に応用可能なのか．それは次のようなロジックに基づく．仮にツイートが投稿者の社会的差異によって異なる特徴をもつだけでなく，読み手がそのツイートから社会的差異を識別できるとしよう．その場合，Twitter に参加する人々はツイートがシグナルする社会的差異に基づいて，その人への対応を変えたり，新たにフォローしたり，フォローを外したりするかもしれない．このようにして，オンライン上の文化実践に基づいて社会集団が形成され，再構築されていく．ひいては実社会空間の差異や不平等の再生産へとつながっていく．かくして，文化実践による社会空間再生産が成立するためには，あるツイートなり文化実践が社会的差異をシ

グナルし，それに基づいて投稿者の社会的差異を識別できるのでなくてはならない．言い方を変えれば，ツイートの差異から社会的差異を予測できるのでなくてはならない．

ここで誤解を避けるために述べておくと，以上のことは必ずしも，読み手が自覚的に文化実践の差異を社会的差異に結びつけていることを意味しないし，ましてやツイートの書き手が顕示的に自己の社会的地位をひけらかしている必要はない．そうではなく，多くの場合，知覚し評価し分類するスキーマは実践感覚のレベルではたらく．つまり，ここで予測と述べていることは意図的，意識的な営みに限られない．文化実践の差異から意識的にせよ実践的にせよ，シグナルを読み取り，社会的関係性や集団間の違いに何らかの形で結びつけることだけが社会空間再生産の条件である．

ところで，もし人間によってツイートから社会的差異が予測可能であるとすれば，性能のよい機械，人工知能によっても社会的差異を予測できる可能性がある．逆にいえば，人間が少なくとも機械と同等以上の言語解釈能力をもつと前提する限り，機械によって識別できるような社会的差異が存在するならば，人間もそのような差異を識別できるだろう．このようにして，機械がツイートからその人の社会的差異を予測できるかどうかは，ツイートが社会的差異をシグナルするかどうかの1つの試金石となりうる．また，予測できるとすれば，その予測にどのような特徴が貢献しているのかを吟味することで，とりわけ社会的差異をシグナルする言語的特徴について発見的知見を得ることができる．

以上の理由に基づき，疑似予測法こそがハビトゥスに裏付けられた文化実践が実社会空間を再生産しているかどうかを分析するための有効な分析手法だといえる．

## 8 データの処理と分析モデル

本研究では，ツイートの本文の特徴量 X からユーザーの人口学的，社会経済的属性 Y を予測するためのモデルを構築し，これを用いて分析を行う．われわれは Twitter アカウントに紐付いたサーベイの結果から，ユーザーの属性 Y を実際には知っているが，これをあえて未知のものとして予測することで，

X により Y が予測可能か，もし可能であるとしたら，X のどのような特徴量が予測に寄与しているのかを検討することができる．

そこで，X を所与として Y をよりよく予測するモデルを選択しなければならない．本研究の疑似予測法は，教師あり機械学習のモデルに基づいている．ここではその技術的詳細の説明は省いて，要点だけをまとめよう（詳しくは例えば，瀧川・藤原（2023）を参照）．機械学習では，一般に予測性能の高いモデルを作ることが目的となる．単にデータに適合するだけでは，必ずしも予測性能を高めることにはならないため，正則化という手法を用いて予測性能を高めることが多い．そこで，この研究では，L2 正則化ロジスティック回帰モデルを予測モデルとして採用した．

ここで X にあたるのはツイート本文であるが，これはテキストデータのため，形態素解析を施して，単語レベルに分割した．その上で出現頻度上位 5000 語に限定し，さらに（文書中における重要性に応じて単語をウェイトづける）tf-idf というスコアに変換をした．したがって，X の特徴量はあるユーザーのツイート全体に登場する（頻度上位 5000 語の）各単語の tf-idf スコア[1]ということになる．

予測対象となる Y は人口学的，社会経済的属性である．具体的には，性別，年齢カテゴリ（40 歳未満／40 歳以上），学歴カテゴリ（専門学校以下／短大・高専以上），所得カテゴリ（世帯所得 1000 万未満／1000 万以上），職業（専門的・技術的職業従事者／それ以外），職業威信スコアなどを予測対象とした．

## 9　結　果

結論からいえば，本研究のモデルで予測できたのは，性別と年齢カテゴリーのみであった．学歴，所得，職業に関わる属性はすべてツイート本文から予測することはできなかった．

### （1）性別に関する結果
サンプルにおける性別の分布は男性が 56.3%，女性が 43.7% である．これに対してモデルによる予測の正解率は，86.2% であった．これは当てずっぽう

よりもはるかに高い正解率であり，実際に Twitter に参加する人々もおおむね，ツイート内容からその人の性別を予測することができていると考えてよいだろう．ただし，今回のデータ分析では，サンプルサイズの都合上，性別を男性と女性の2つに限定しており，これにあてはまらない性についてはさらなる研究が必要となるということは付言しておきたい．

モデル分析の結果から，予測に対して貢献度の高い特徴量を知ることもできる（**表7-1**）．いくつかのポイントについて簡単に指摘しておこう．まず，日本語における第一人称の使用の仕方は男性性，女性性を強くシグナルする．男性を予測する際に貢献度の高い上位20語には「俺」「僕」のような男性の一人称が上位にきている一方で，女性の場合には，「わたし」「あたし」といった女性の一人称が上位にあらわれている．加えて，妻の夫に対する呼称である「旦那」も女性性をシグナルする．

次に，狭義の文化的実践に関していえば，「ラーメン」「ビール」「pepsi」といった食文化は男性性を強くシグナルする．「食う」というボキャブラリも男性に特有である．そのほか，「車」や「ヨドバシ」のような電化製品も男性性と結びついていることがみてとれる．他方，女性の場合には，「肌」のような美容を思わせる語が上

**表7-1　性別の予測に対して貢献度の高い特徴量（特徴語）**

|  | 男性 | 女性 |
|---|---|---|
| 1 | 俺 | くん |
| 2 | 僕 | ハート |
| 3 | ラーメン | 嬉しい |
| 4 | 車 | わたし |
| 5 | 投資 | 素敵 |
| 6 | いく | 先生 |
| 7 | ビール | 旦那 |
| 8 | jal | あたし |
| 9 | 無い | 合掌 |
| 10 | 乃木坂46 | 星野源 |
| 11 | pepsi | 肌 |
| 12 | チャンス | セット |
| 13 | 勝つ | 大好き |
| 14 | 食う | gt |
| 15 | ヨドバシ | 商品 |
| 16 | っす | 病院 |
| 17 | チェキ | ひよこ |
| 18 | 期待 | 札幌 |
| 19 | やはり | 大泣き |
| 20 | アニメ | 涙 |

出所）筆者作成．

位にきている.

さらに，Twitter の 1 つの特徴として，とくに女性の特徴語においてアイドルや芸能人の応援，いわゆる「推し活」に関わる語がみられる.「くん」という男性向けの呼び名が上位にきているが，これは「推し活」の文脈での「推し」に対する呼びかけと推測される. そのほか，「推し活」には限定されないものの，「嬉しい」「大好き」のような感情表現も女性については上位にきており，ジェンダーによる感情表出規範の相違とそこから発せられるシグナルが認められる. またこれもやはり「推し活」に限定されないものの，絵文字と思われる「ハート」「大泣き」の使用も女性性をシグナルするようだ.

表 7-2　年齢カテゴリーの予測に対して貢献度の高い特徴量（特徴語）

|  | 40 歳未満 | 40 歳以上 |
|---|---|---|
| 1 | 僕 | 応援 |
| 2 | めちゃくちゃ | 不機嫌 |
| 3 | まじ | 娘 |
| 4 | やばい | ちょっと |
| 5 | 俺 | 暑い |
| 6 | 可愛い | 美味しい |
| 7 | 分かる | 下さる |
| 8 | fgo | 見える |
| 9 | キラキラ | 息子 |
| 10 | いく | 汗 |
| 11 | きた | 新潟 |
| 12 | 記録 | 投稿 |
| 13 | pokemon | 艸 |
| 14 | やつ | 怒り |
| 15 | くらい | research |
| 16 | 保育園 | 今朝 |
| 17 | チーズ | 日 |
| 18 | 終わる | 楽天スーパーポイント |
| 19 | 行く | 、 |
| 20 | ほしい | 子 |

出所）筆者作成.

## （2）年齢に関する結果

年齢については，もともと連続値でデータを取得した. しかし，これを線形回帰モデルで予測しようとしても全くうまくいかなかった. そこで，より容易な予測問題として，年齢を 40 歳未満か 40 歳以上かという二値カテゴリーに変換して予測を行ったところ，ある程度の結果が得られた（表 7-2).

まずサンプルの年齢分布については，40 歳未満が 59.4%，40 歳以上が 40.6% となっている. これに対してモデル予測の正解率は 79.3% となった. この結果から，現実のユーザーたちも，正確な年齢についてツイート本文から予測することは難しいが，若年層か中高年層か

という大まかなカテゴリーについてはある程度，予測できていることが示唆される．

予測に貢献した特徴語についてみてみよう．まず言葉遣いに関しては，40歳未満では，「めちゃくちゃ」「まじ」「やばい」といった言葉が上位に位置している．これらは，いわゆる「若者言葉」であり，若者性をシグナルしていると解釈できる．他方，40歳以上について特徴的な語彙は見当たらないが，あえて言えば「下さる」のような丁寧語の使用が目立つ．

文化内容について見ると，40歳未満では，ソーシャルゲームのタイトルである「fgo」（「Fate Grand Order」）や「pokemon」などがランクインしている．他方，40歳以上では20位以内には目立った文化カテゴリーはないが，さらに広げて見ると上位に，「映画」「ケイリン」などが登場する．これらの文化実践は，ある程度世代をシグナルする機能を果たしているようである．

## （3）その他の結果

同様の分析モデル（L2正則化ロジスティック回帰モデル）に基づいて，学歴カテゴリー，職業カテゴリー，所得カテゴリー，さらには線形回帰モデルに基づく職業威信スコアのツイート本文からの予測を試みたが，これらについては，十分な予測性能をもつ予測モデルを得ることができなかった．もし人間の読解能力が機械とだいたい同等であると想定できるのであれば，予測モデルの失敗は，人間による予測も困難であることを示唆する．つまり，人間のユーザーたちもツイート本文から，こうした属性を予測し，カテゴリー帰属するということは一部の例外を除いて困難であろうといえる．これに対して，現時点では人間の読解能力の方が機械よりもはるかに優れているのであれば，機械が予測に失敗したとしても，人間であればTwitterの投稿から上記の人口学的・社会経済的属性を読み取ることができているという可能性は排除できない．本章では，現行の予測モデルでも性別や年齢についてはかなりの精度で予測に成功する性能をもっているため，機械による性別・年齢以外の人口学的・社会経済的属性の予測の失敗は，人間による予測の困難を示している蓋然性が高いと判断するが，より詳細な検討は今後の課題となる．

## 10　Twitter上での実践は社会空間を再生産するか？

　以上，Twitterデータを用いて，オンライン上での文化実践が社会空間の構造と差異を再生産しうるかについて検討した著者らの研究を紹介してきた．直接的な結論としては，Twitter上での実践は一部の社会空間の構造，つまり性と年齢に関わる社会空間の構造を再生産する可能性があることが示唆された．これに対して，Twitter上での実践は，所得や職業などの社会経済的な側面に関わる社会空間の，少なくとも直接的な再生産には寄与していないようだ．

　データや方法に由来する限界は後で確認するとして，この結果についてどのように解釈できるだろうか．

　まずはTwitterやソーシャルメディアに限らず，そもそも現実社会の趣味実践を含めて，趣味と社会経済的差異との関連が弱まっているという可能性を指摘できる．サーベイ調査を用いた諸研究では，現実社会においても社会階層や階級と（少なくとも一部の）文化実践とのつながりがかつてほど直接的ではなくなっている，との報告がなされている（Bennet et al. 2008=2017; Savage 2015=2019）．他方で，性別や年齢は，ときに社会属性や階級に匹敵するほど，一部の文化実践を強く規定する力をもっている（Bennet et al. 2008=2017; Savage 2015=2019；片岡 (2023) のレビューも参照）．このことはTwitter上での文化実践と社会的差異との関連に関するわれわれの結果と一致している．

　他方で，ソーシャルメディアは現実社会よりも，アイデンティティ管理がしやすく，人口学的・社会的属性を示すシグナルの抑制が容易であることも確かである．とくにTwitterは日本では多くの人が実名を使わない半匿名の空間として機能しており，その点で例えばFacebookとは異なる．Twitterであれば身体的特徴を晒す必要はないし，衣服や持ち物などコストのかかるシグナルとなりうるものも呈示せずともすむ．そしてもし人々が趣味や文化の世界に自分たちの属性を持ち込みたくないと望んでいるとすれば，現実社会よりもTwitterのようなソーシャルメディアの方がそのような望みを叶えやすいのだといえる．

　また，趣味の実践に社会的差異を持ち込むべきではないという規範が存在す

る可能性も考えられる．歴史社会学者の池上英子（Ikegami 2005=2005）は社会的階層を横断する社交の場，広い意味での美を仲立ちとする人間の交流の場を「美のパブリック圏」と名づけ，このようなパブリック圏が日本社会に連綿と存続し続けてきたことをさまざまな資料に基づき論じている．例えば，芸能や詩歌などの趣味に基づく結社は，武士や商人などの身分的障壁を越えて，人々を結びつけるネットワークの機能を果たしていた．趣味の世界には，身分や出自などの社会的差異を持ち込むべきではないという規範が存在し，その規範によって開かれた公共圏（パブリック圏）が成立したということである．

　それではなぜ性別や年齢についてはソーシャルメディア上でもなお，強いシグナルを放っているのだろうか．まず指摘できるのは，先に述べたように，性別や年齢は現実社会においても文化実践を強く規定する力をなお保っている，ということである（Bennet et al. 2008=2017; Savage 2015=2019）．さらに，狭義の文化実践とは別に，日本語の言語実践の特徴もこの点と関連しているかもしれない．日本語ではとくにインフォーマルな場面では男女別で一人称が使い分けられ，意図的に使用を忌避しない限り，これらは性別を強くシグナルする．これに対して，社会階層や社会階級をシグナルする言語的特徴は，それほど存在しない．

　また，シグナル送信に関する規範の有無も関係している．先に述べたように，社会階層や社会階級，貧富や暮らし向き，学歴については，それらを「ひけらかす」べきではないという社会的規範が存在し，それがシグナル送信に対して抑制的にはたらいている可能性がある．これに対して，性別や年齢については，一般的には類似の抑制的規範が存在しないか，存在したとしても，社会経済的差異の顕示に関する抑制的規範よりも弱い．

　これらに加えて，単純に，特定の文化実践の担い手が特定の性別や年齢に大きく偏っており，そもそもシグナルを抑制することが不可能であるかもしれない．例えば，男性アイドルの「推し活」をする Twitter ユーザーは大きく女性に偏っており，Twitter 上でそうした趣味活動に従事すること自体が強く女性性をシグナルしてしまい，これを抑制することはできないだろう．

　とはいえ，今回の研究には多くの限界があるため，さらなる研究が積み重ねられる必要がある．例えば，本研究のデータは年齢，性別，職業について割り

付けをしているものの，厳密な意味でのランダムサンプリングではなく，その点でバイアスがある．より，方法論的な問題として，機械が差異を予測できないことをもって，人間も差異を予測できないことの証左として扱っている．しかしすでに述べたように，機械より人間の方が予測能力に大きく優れている場合，機械が予測できなくても人間には予測できている可能性はある．より高度な予測モデルによってさらに機械の予測性能を高めることで，それでも予測できないことを示せれば，結論の説得性がより高まるだろう．

## ま と め

今日，ソーシャルメディアは趣味や文化実践の場としてきわめて重要な役割を果たしている．文化社会学の理論枠組みに基づくなら，ソーシャルメディア上での文化実践が，いかにして現実の社会の社会構造，格差や不平等を再生産したり，変革したりするのかを問うことは非常に重要である．しかしながら，従来の社会学の方法論ではこうした問題を十分な検討に付すことができなかった．

本章では，インターネット利用と社会的格差の関係を問うデジタルデバイド論の流れを確認し，オンラインを場として概念化する Levina と Arriaga の議論を検討した後，著者の行った Twitter に関する研究を紹介した．この研究では，従来十分に分析されてこなかったソーシャルメディア上での実際の文化実践と社会的差異との関連を，Twitter データとサーベイデータを統合したデータに基づいて分析した．また，ハビトゥスの作動を経験的に分析する手法としての疑似予測法を提唱した．

分析の結果，Twitter 上での実践は，性別と年齢という基本的差異にかかわるシグナルとして機能し，関連する社会空間の構造を再生産する可能性がある一方で，職業や所得などのいわゆる社会経済的差異のシグナルとしては機能していないことが示唆された．とはいえ，ここで紹介した研究にはいくつかの限界があること，オンライン上での文化実践と社会空間との関係という主題の重要性から鑑みて，今後さらにこの問題に関する研究が積み重ねられるべきである．

## 第 **7** 章 ソーシャルメディアにおける文化実践と社会空間

## 謝　辞
本研究の一部は（財）吉田秀雄記念事業財団の研究助成を受けた.

## 注
１）単純な頻度だけでなく，逆文書頻度を加味した単語の重要性スコアの一種.

## 参考文献

Aral, S., 2020, *The Hype Machine: How Social Media Disrupts Our Elections, Our Economy, and Our Health--and How We Must Adapt*, Currency.（＝2022，夏目大訳『デマの影響力：なぜデマは真実よりも速く，広く，力強く伝わるのか?』ダイヤモンド社.）

Bail, C.A., 2021, *Breaking the Social Media Prism : How to Make Our Platforms Less Polarizing*, Princeton University Press.（＝2022，松井信彦訳『ソーシャルメディア・プリズム：SNS はなぜヒトを過激にするのか?』みすず書房.）

Bourdieu, P., 1979, *La Distinction: Critique sociale du jugement*, Minuit.（＝2020，石井洋二郎訳『［普及版］ディスタンクシオン──社会的判断力批判Ⅰ・Ⅱ』藤原書店.）

Dijk, J. A. V. (2005). *The Deepening Divide: Inequality in the Information Society*, Sage.

Gentzkow, M., M. Shapiro, and M. Taddy, 2019, "Measuring group differences in high‐dimensional choices: method and application to congressional speech". *Econometrica*, 87 (4): 1307-1340.

Grimmer, J., M. E. Roberts, and B. M. Stewart, 2022, *Text as Data: A New Framework for Machine Learning and the Social Sciences*. Princeton University Press.

Hargittai, E., 2003, "The digital divide and what to do about it", *New Economy Handbook*, 821-839.

Ikegami, E., 2005, *Bonds of Civility: Aesthetic Networks and the Political Origins of Japanese Culture*, Cambridge University Press.（＝森本醇訳『美と礼節の絆──日本における交際文化の政治的起源』NTT 出版.）

片岡栄美，2023，「分野別研究動向（趣味〔テイスト〕の社会学)」『社会学評論』74 (2)：332-46.

片岡栄美，瀧川裕貴，南田勝也，村井重樹，小股遼，鳥海不二夫，榊剛史，2024，「Twitter では何が語られているのか ──SNS の情報空間を俯瞰する」『駒澤大学文学部研究紀要』(81)：41-77.

Kross, E., P. Verduyn., G. Sheppes, C. K. Costello., J. Jonides, and O. Ybarra, 2021, "Social media and well-being: Pitfalls, progress, and next steps", *Trends in Cognitive Sciences*, 25 (1): 55-66.

145

Levina, N. and M. Arriaga, 2014, "Distinction and status production on user-generated content platforms: Using Bourdieu's theory of cultural production to understand social dynamics in online fields", *Information Systems Research*, 25 (3): 468-488.

水野誠・瀧川裕貴, 2022, 「消費者間コミュニケーション構造に関する計算社会科学的研究」『(財) 吉田秀雄記念事業財団 2020 年度 (第 54 次) 助成研究成果報告書』.

Nelson, L. K., 2020, "Computational grounded theory: A methodological framework", *Sociological Methods & Research*, 49 (1): 3-42.

New York Times, 2021, "Whistle-Blower Says Facebook 'Chooses Profits Over Safety'" Retieved from April 21, 2024, from https://www.nytimes.com/2021/10/03/technology/whistle-blower-facebook-frances-haugen.html.

Ragnedda, M. and M. L. Ruiu, 2017, "Social capital and the three levels of digital divide". In *Theorizing Digital Divides*, 21-34, Routledge.

Robinson, L., 2009, "A taste for the necessary: A Bourdieuian approach to digital inequality. Information", *Communication & Society*, 12 (4): 488-507.

総務省 , 2021, 『令和 2 年版情報通信白書』.

Salganik, M. J., 2018, *Bit by Bit: Social Research in the Digital Age,* Princeton University Press. (=2019, 瀧川裕貴ほか訳『ビット・バイ・ビット』有斐閣.)

Sunstein, C. R., 2001, *Republic.Com*, Princeton University Press. (=2003, 石川幸憲訳『インターネットは民主主義の敵か』毎日新聞社.)

瀧川裕貴, 2018, 「社会学との関係から見た計算社会科学の現状と課題」『理論と方法』33：132-48.

―――, 2019, 「社会学におけるビッグデータの分析の可能性」『社会と調査』22：16-22.

―――, 2020, 「世界および日本におけるデジタル社会調査」『社会学評論』, 71 (1)：84-101.

―――, 2023, 「計算社会科学とは何か？」『文化交流研究』東京大学文学部次世代人文開発センター編纂 (36)：47-59.

瀧川裕貴・藤原翔, 2023, 「社会学方法論と機械学習」『社会と調査』31：5-12.

Takikawa, H. and K. Nagayoshi, 2017, "Political Polarization in Social Media: Analysis of the 'Twitter Political Field' in Japan," *The Proceedings of the 2017 IEEE International Conference on Big Data*, 3061-8.

Yates, S. and E. Lockley., 2018, "Social media and social class", *American Behavioral Scientist*, 62 (9): 1291-1316.

Zillen, N., E. Hargittai, 2009, "Digital Distinction: status-specific types of internet usage", *Social Science Quarterly*, 90 (2): 274–291.

# 索　引

## あ

アイデンティティ　4, 14, 67, 87, 94, 100, 101, 124
池上英子　143
エリーティズムオムニボア　46, 48
オンライン場　128
　──＝社会空間フィードバックループ　131

## か

階級　3-5, 7, 8, 11-16, 18-22, 26, 39, 54, 62, 78, 87-96, 99, 101-106, 118, 134, 142, 143
階層帰属意識　53, 65-68, 77, 78, 84
疑似予測法　134, 136
客体化された文化資本　4, 38
教育戦略　56, 81
境界感覚　39, 43
教師あり機械学習　138
共犯関係　56
グルメ　95
経済資本　4-7, 9, 13, 16, 18, 21, 24, 38, 41, 78, 79, 91, 92, 98, 110, 128, 131
計算社会科学　129, 132
誤認　31

## さ

差異空間　55, 61-79
サヴィッジ, M.（Savage, M.）　20, 26, 27, 142, 143
社会階級（→階級）
社会関係資本　4, 6, 8, 42, 128, 131
自由趣味　8, 15, 91, 103, 107, 111
出身階層　55, 69, 77, 78, 80-82, 127, 135
趣味の幅広さ　57, 58, 71
趣味の良さ　10, 20, 56-60, 62, 65-68, 71, 74, 81, 82
象徴資本　11, 130, 131
象徴的境界　13, 21, 24, 97-99
象徴的排除　18, 19, 26, 28

象徴闘争　11, 13, 14, 16, 21, 41, 42, 64, 100
情報資本　127
食テイスト空間　105, 106, 111-120
真正性　30, 32, 95-99
　身体化された──　38
審美眼　41
生活様式空間　11, 12, 62, 110, 113, 134
性向　3, 4, 6-8, 10, 11, 15, 29, 32, 36, 75, 91, 92, 98, 99, 103, 111
贅沢趣味　8, 91, 103, 107, 111
正統性　10, 11, 13, 14, 16, 21, 39, 86, 91-99, 103, 105, 107, 118, 119
制度化された文化資本　6, 31, 42
相同性　11, 13, 16, 102, 104, 105, 113, 118
ソーシャルメディア　26, 123-126, 128-135, 142-144

## た

卓越化　13, 16, 27-32, 36, 40-42, 55-57, 81, 86, 92
卓越性　57
多重対応分析（MCA）　11, 53, 61, 68, 111, 112, 117
Twitter（現 X）　123
デジタルデバイド　125

## は

場　9-11, 13, 15, 16, 32, 41, 89, 119, 125, 126, 128-133, 144
ハイブローユニボア　46-51
ハビトゥス　2-7, 11-16, 21, 22, 27-32, 36, 38, 39, 42, 43, 52-54, 56, 57, 65, 73-75, 79-82, 89, 91, 92, 101, 103, 107, 119, 120, 127, 130, 134-137
　──の生成原理　135
　──の分割原理　135
ピーターソン, R. A.（Peterson, R. A.）　22, 23, 26, 29, 46, 51, 93

147

必要趣味　8, 15, 91, 103, 107, 110

必要性からの距離　18, 103, 111, 112, 114, 116

美的性向　7, 8, 10, 11, 15, 29, 32, 91, 92, 98, 99, 103, 111

ファスト教養　30

フーディー　94, 95, 97-99

不完全性問題　132

ブライソン, B.（Bryson, B.）　26, 57, 81

フラット化　44, 52

文化実践　3, 12-16, 21, 29, 61, 62, 66, 89, 93, 100, 125, 126, 128, 129, 131-137

文化資本　4-7, 9, 10, 12-15, 18, 21, 24, 25, 27, 28, 31, 32, 36, 38, 39, 41-43, 51, 52, 56, 67, 74-79, 81, 82, 89, 91, 92, 98, 103-111, 113, 116-120, 128, 131

文化的オムニボア　18, 21-29, 46, 75-79, 81, 82, 92-95, 97, 98

文化的寛容性　26, 57

文化的雑食　21-23, 25-27, 29-31

文化的排他性　19, 22

文化への投機的態度　71

分類　2, 3, 5, 13, 22, 28, 47, 53, 58, 59, 75, 103, 112, 123, 134, 135, 137

平準化　41, 43

---

## や

ユーザー作成コンテンツ　129

ユニボア　22-24, 28, 46-51, 75-77, 81

---

## ら

レディメイドデータ　132

ローブローユニボア　47-52

## 執筆者紹介 (執筆順, ＊は編著者)

### ＊片 岡 栄 美 (かたおか えみ) [はじめに, 第2章, 第4章, 第6章]
大阪大学大学院人間科学研究科博士後期課程単位取得中途退学, 博士 (社会学).
現在, 駒澤大学文学部教授.
**主要業績**
『文化の権力──反射するブルデュー』(共著), 藤原書店, 2003年.
『変容する社会と教育のゆくえ』(教育社会学のフロンティア2巻) (共著), 岩波書店, 2018年.
『趣味の社会学──文化・階層・ジェンダー──』青弓社, 2019年.

### ＊村 井 重 樹 (むらい しげき) [はじめに, 第1章, 第5章, 第6章]
慶應義塾大学大学院社会学研究科博士課程単位取得退学, 博士 (社会学).
現在, 島根県立大学地域政策学部教授.
**主要業績**
『フーディー──グルメフードスケープにおける民主主義と卓越化』(共訳), 青弓社, 2020年.
「文化資本概念の現代的展開──新興文化資本をめぐって」『慶應義塾大学大学院社会学研究科紀要』
　　93, 2022年.
『社会学の力〔改訂版〕──最重要概念・命題集』(共著), 有斐閣, 2023年.

### 南 田 勝 也 (みなみだ かつや) [第3章]
関西大学大学院社会学研究科博士課程後期課程修了, 博士 (社会学).
現在, 武蔵大学社会学部教授.
**主要業績**
『ロックミュージックの社会学』青弓社, 2001年.
『オルタナティブロックの社会学』花伝社, 2014年.
『私たちは洋楽とどう向き合ってきたのか──日本ポピュラー音楽の洋楽受容史』(編著), 花伝社,
　　2019年.

### 瀧 川 裕 貴 (たきかわ ひろき) [第7章]
東京大学大学院人文社会系研究科博士課程単位取得退学, 博士 (社会学).
現在, 東京大学大学院人文社会系研究科准教授.
**主要業績**
『社会を数理で読み解く──不平等とジレンマの構造』(共著), 有斐閣, 2015年.
『計算社会科学入門』(共著), 丸善出版, 2021年.
*Sociological Foundations of Computational Social Science* (共編著), Springer, 2023.

### 水 野 　 誠 (みずの まこと) [第7章]
東京大学大学院経済学研究科博士課程単位取得退学, 博士 (経済学).
現在, 明治大学商学部教授.
**主要業績**
"Untangling the Complexity of Market Competition in Consumer Goods – A Complex Hilbert PCA
　　Analysis" (共著), *PLOS ONE*, 2021.
「受信者と発信者の異質性を考慮したインフルエンサー・マーケティングにおけるシーディング戦略」
　　(共著), 『マーケティング・サイエンス』, 2022年.
"An Empirical Study of Scarcity Marketing Strategies: Limited-time products with umbrella branding in
　　the beer market" (共著), *Journal of the Academy of Marketing Science*, 2023.

ブルデュー社会学で読み解く現代文化

2024 年 11 月 30 日　初版第 1 刷発行

編著者　片岡栄美・村井重樹 ©
発行者　萩原淳平
印刷者　藤原愛子
発行所　株式会社　晃洋書房
　　　　京都市右京区西院北矢掛町七
　　　　電話　075 (312) 0788 (代)
　　　　振替口座　01040-6-32280
印刷・製本　藤原印刷株式会社
装幀　HON DESIGN (北尾　崇)
ISBN 978-4-7710-3881-3

**JCOPY** 〈(社)出版者著作権管理機構　委託出版物〉
本書の無断複写は著作権法上での例外を除き禁じられています.
複写される場合は, そのつど事前に, (社) 出版者著作権管理機構
(電話 03-5244-5088, FAX 03-5244-5089, e-mail: info@jcopy.or.jp)
の許諾を得てください.